PENSÉES RÉPLIQUES ET ANECDOTES LES PLUS DRÔLES

PENSÉES RÉPLIQUES ET ANECDOTES LES PLUS DRÔLES

COLLECTION **LE SENS DE L'HUMOUR**

cherche
midi

Vous aimez l'humour ? Inscrivez-vous à notre newsletter
pour suivre en avant-première toutes nos actualités :
www.cherche-midi.com

23, rue du Cherche-Midi
75006 Paris

Sommaire

AVANT-PROPOS

De l'humour avant toute chose

Longtemps, l'humour a été l'apanage d'humoristes patentés, au théâtre avec Georges Courteline, Georges Feydeau ou Sacha Guitry, au cabaret avec les chansonniers, dans les livres, les journaux et les revues, avec Alphonse Allais, Tristan Bernard ou Jules Renard. Puis, dans le courant du XXe siècle, il a peu à peu tout envahi : le cinéma, le café-théâtre, la chanson, la politique, et bien sûr, la radio et la télévision. Ainsi, l'humour est-il réellement devenu la chose du monde la mieux partagée.

L'ambition de ce livre est de témoigner du phénomène par l'exemple. Il espère vous distraire et vous amuser avec les propos acides, cruels, tendres, narquois, fatalistes ou provocateurs, de tous ceux qui nous font oublier – en les prenant souvent pour cibles – les misères du quotidien.

Et si le sens de la réplique est un art à part entière, les anecdotes sont toutes un éloge de la folie et de l'humour qui montrent qu'il n'y a pas de grands hommes sans ce sens de la fantaisie propre à illuminer l'existence de chacun.

D'Yvan Audouard à Wolinski et Jean Yanne, pourfendeurs de la bêtise humaine, en passant par Claude Chabrol, cinéaste corrosif, Jacques Dutronc et son inénarrable décontraction, Philippe Meyer, chroniqueur radiophonique au délicieux persiflage, Coluche, clown génial jamais égalé, Frédéric Dard, dialoguiste truculent et père de San-Antonio ou Olivier de Kersauson, exceptionnel homme de mer et d'esprit, le lecteur trouvera dans ces pensées, répliques et anecdotes, le plus souvent très brèves, la fine fleur de l'humour à la française, décochant ses traits impitoyables sur un siècle et une société dont nous sommes les acteurs. Si un pays dépourvu d'humoristes comme de légendes, est condamné à mourir de froid, alors, la France n'a rien à craindre pour sa survie. En voici la preuve.

Les éditeurs

LES PENSÉES LES PLUS DRÔLES

PAR ORDRE D'ENTRÉE EN SCÈNE

ALPHONSE ALLAIS

1854-1905

On prête à cet humoriste un nombre incalculable de mots d'esprit, y compris certains qui ne lui appartiennent pas : c'est cela aussi, la rançon de la gloire. Poète, chansonnier, inventeur de breuvages hors du commun, Alphonse Allais demeure une valeur sûre de l'humour français.

• Dieu a sagement agi en plaçant la naissance avant la mort, sans cela, que saurait-on de la vie ?

• Le rire est à l'homme ce que la bière est à la pression.

• La statistique a démontré que la mortalité dans l'armée augmente sensiblement en temps de guerre.

• Il ne faut jamais faire de projets, surtout en ce qui concerne l'avenir.

• Le café est un breuvage qui fait dormir quand on n'en prend pas.

• Quand on ne travaillera plus le lendemain des jours de repos, la fatigue sera vaincue.

• La mer est salée parce qu'il y a des morues dedans. Et si elle ne déborde pas, c'est parce que la Providence, dans sa sagesse, y a placé aussi des éponges.

• On aura beau dire et beau faire, plus on ira, moins il y aura de gens qui auront connu Napoléon Ier.

• Ne remets pas à demain ce que tu peux faire après-demain.

• Logique féminine.
C'est quand on serre une dame de trop près… qu'elle trouve qu'on va trop loin.

• Le zèbre. J'ignore pourquoi on l'appelle ainsi : à cause de sa vélocité, ou à cause des zébrures de son pelage ?

• Il était normand par sa mère et breton par un ami de son père.

• Shakespeare n'a jamais existé. Toutes ses pièces ont été écrites par un inconnu qui portait le même nom que lui.

• Ils furent très heureux et eurent tant d'enfants, tant d'enfants, qu'ils renoncèrent bientôt à les compter.

• Bien que nos renseignements soient faux, nous ne les garantissons pas.

• On a coutume de dire que le dix-neuvième siècle aura été le siècle de la vapeur, et je ne lui en fais pas mon compliment.

• Sait-on jamais pourquoi on aime les gens. Non. Eh bien ! Pour les objets, c'est la même chose.

• Si j'étais riche, je pisserais tout le temps.

• L'homme ne tue pas seulement pour manger, il boit aussi.

• Impossible de vous dire mon âge.
Il change tout le temps !

• Assis à la terrasse d'un café, il crie au garçon :
« Garçon ! un Picon grenadine… et un peu moins de vent, s'il vous plaît ! »

JOSÉ ARTUR
1927-2015

Inventeur du célèbre et indestructible Pop Club*, José Artur a convoqué la terre entière à son micro nocturne. Ne s'étant jamais pris au sérieux, il sait, en grand professionnel de la radio, rendre intelligent et drôle chacun de ses interlocuteurs, comme il l'est lui-même, bien sûr.*

• Si je garde enfin mes amis, c'est que je n'ai plus de chambre d'amis.

• Si je meurs un jour, j'aimerais que ce soit une nuit.

• Jésus-Christ, le premier bébé éprouvette au monde.

• Éborgner un aveugle est inutile et cruel.

• Si Jeanne d'Arc avait eu du diabète, tout Rouen aurait senti le caramel.

• Une poule devant une omelette contemple l'ensemble de son œuvre.

• J'aurais mis la jeunesse à la fin de la vie.

- Le jour où les esturgeons apprendront le prix du caviar, ils deviendront prétentieux.

- La plupart de ceux qui veulent se suicider demain, se contentent, aujourd'hui, de se couper en se rasant.

- Je me suis suicidé hier, toute la journée.

- Il y a des vies où on a envie de ne rien faire.

- Quand je croise un bossu, je me voûte légèrement, par délicatesse.

- Inquiet de nature, le jour de mon enterrement, j'aurai peur d'être en retard.

- Tout le monde a eu un jour envie de changer de biographie.

- Elle était près de ses sous et moi, encore plus près des siens.

- Je me suis marié une fois à l'église, deux fois à la mairie, le reste, à la sauvette.

- Dans la cinquième, c'est toujours Beethoven qui est en tête.

YVAN AUDOUARD

1914-2004

Comme l'était Marcel Pagnol, Yvan Audouard est sûrement le plus parisien des Provençaux et le plus provençal des Parisiens. Son humour et sa verve ont la couleur, la sonorité, la bonne humeur, la tendresse aussi, que l'on trouve à l'état naturel entre Camargue et Alpilles.

• Il avait un regard si franc qu'il avait sûrement quelque chose à cacher.

• Quand on a peu de talent, il faut encore moins de scrupules.

• Quand quelqu'un vous dit : « J'ai ma conscience pour moi », c'est qu'il ne lui reste pas grand-chose à vendre.

• Un ami de trente ans, c'est souvent quelqu'un dont on n'est jamais arrivé à se débarrasser.

• Avoir le cœur sur la main, c'est moins coûteux que de mettre la main à la poche.

• La seule façon élégante de s'en tirer quand on a été ignoble avec quelqu'un, c'est de se fâcher définitivement avec lui.

• Si j'avais l'âge de mes artères, je serais mort depuis longtemps.
J'ai l'âge de ma veine.

• Il vivait à l'abri de sa bassesse comme dans un château fort.

• Blanchir de l'argent n'est pas toujours salissant mais être lavé de tout soupçon laisse des traces indélébiles.

• Il y a des jours si désespérés qu'ils vous donnent envie d'aller faire un tour à la gare de l'Est pour voir si la guerre n'a pas été déclarée.

• Il m'a fallu du temps pour le découvrir mais maintenant je le sais de source certaine : Adam et Ève n'ont pas été chassés du Paradis terrestre. Ils s'en sont évadés. À bout d'ennui.

• On ne peut acheter une conscience que si l'on a déjà vendu plus cher la sienne.

• Ses rides étaient si gaies qu'on aurait dit des fossettes.

• Si l'enfer, c'est les autres, je serai seul au paradis.

GUY BEDOS

Né en 1934

Homme de scène rompu à tous les publics, Guy Bedos s'inscrit dans la plus pure tradition des moralistes français. Mais cette morale, il l'exprime dans une langue populaire, accessible à tous, sans jamais se départir de cet esprit corrosif qui n'épargne personne.

• J'agace. Je sais que j'agace. Mais que voulez-vous que j'y fasse ? Jésus aussi agaçait.

• Je suis rancunier en mal comme en bien : je n'oublie pas plus un coup de pied qu'un coup de main.

• La Bourse ? Je m'en fous. J'ai choisi la vie.

• Je suis un anarchiste qui traverse dans les clous pour ne pas avoir d'ennuis avec la maréchaussée.

• Je suis plutôt de gauche, c'est vrai, mais s'il n'y avait pas la droite, on ne s'en apercevrait même pas.

• La vieillesse ? Pour l'instant, ça va, merci ! Je touche du marbre.

• Si je vois venir la mort, j'aurai la politesse d'être assez odieux pour qu'on ne me regrette pas trop.

• On m'a photographié une fois chez moi en train de regarder la télé. Je ressemblais à l'un de mes spectateurs. On est peu de chose, non ?

• Tout va mal en ce moment. La Bourse baisse, le chômage augmente, la pauvreté s'aggrave, les grèves se multiplient, les scandales s'accumulent, les banlieues s'embrasent, la gauche s'écroule... Et moi-même, je crois que je viens de me choper un bon rhume !

• On compare souvent les hommes politiques à des acteurs. C'est très injuste pour les acteurs.

TRISTAN BERNARD

1866-1947

Il a tenu le haut du pavé pendant la première moitié de ce siècle. Il s'est exprimé sous les formes les plus diverses : théâtre, roman, essai, nouvelles. Tristan Bernard est aussi l'auteur de mots croisés qui continuent de faire la joie des cruciverbistes.

• Sous prétexte qu'ils ont l'avenir devant eux, les hommes vivent au jour le jour.

• Les femmes qui savent se défendre sont surtout celles qui ont été beaucoup attaquées.

• Un seul bon argument vaut mieux que plusieurs arguments meilleurs.

• Deux pigeons s'aimaient d'amour tendre.
Moralité :
L'un d'eux s'ennuyait au logis.

• Académicien ? Non. Le costume coûte trop cher. J'attendrai qu'il en meure un à ma taille.

• Je suis un contemplateur fervent de l'effort d'autrui.

• Je ne retomberai jamais en enfance, j'y suis toujours resté.

• On trouve le temps long sous la terre.

• La question n'est pas de travailler, c'est de faire croire aux autres qu'on travaille.

• Pour un homme intelligent, vous n'êtes pas si bête que ça.

• Le genre humain, qui devrait avoir mille ans de sagesse, retombe en enfance à chaque nouvelle génération.

• Comme tous les gens d'imagination, il adore les volumes où il manque des pages.

• Les hommes politiques savent d'instinct quelles vérités il convient d'accueillir, et celles qu'il vaut mieux laisser à la porte.

• On ne peut compter absolument que sur soi-même ! *(À mi-voix)*… Et encore si peu !

• Pourquoi la postérité serait-elle plus équitable que les contemporains ? Elle peut se tromper, elle aussi…

FRANCIS BLANCHE

1919-1974

Le plus grand des talents de Francis Blanche fut peut-être de mettre le rire au cœur même de sa vie autant que dans ses sketches. Inventeur des fausses publicités et du canular téléphonique, il demeure, pour bon nombre d'humoristes, leur «Tonton flingueur» préféré, alias *Macheprot.*

• Pour rentrer chez vous, une seule adresse : la vôtre !

• Ce qui me révolte : l'égoïsme. Chez les autres. Pas chez moi. Et le céleri. Chez moi. Pas chez les autres.

• Pour le week-end, nous avons voulu faire les châteaux de la Loire. Malheureusement, ils étaient déjà faits.

• Attention !… Attention !… Un rendez-vous manqué, c'est une affaire ratée. Une affaire ratée, c'est une carrière brisée.
Ne manquez plus vos rendez-vous : grâce au calendrier des PTT !… Toutes les dates à dates fixes !… Méfiez-vous des contrefaçons !

• Madame : n'achetez plus des tissus écossais. Écossez-les vous-même !…

• Étudiants, étudiantes, ne vous présentez plus au bac : prenez le pont de Tancarville !…

• Si vous ne vous sentez pas bien… faites-vous sentir par un autre !

• Je suis las comme tous les montagnards. Vous savez que les montagnards sont las !

• Si vous n'aimez pas les cercueils, on vous fera monter de la bière.

• Mon âge ? Entre 29 et 41. Je ne suis pas fixé. D'ailleurs, ça change tous les ans.

• Je me lève aussi facilement du pied gauche que du pied droit : je ne fais pas de politique.

• On est toujours l'imbécile de quelqu'un. Ce sont mes imbéciles à moi qui m'énervent.

• J'aime les enfants, oui. Mais je leur adresse un reproche : ce sont de futures grandes personnes.

• Mes projets ?… Vous m'avez demandé mes projets ?… Finir mon verre.

BERTRAND BLIER

Né en 1939

Il est sans nul doute l'un des dialoguistes les plus brillants du cinéma contemporain. Ses mots sont ceux d'un authentique écrivain. Il puise volontiers sa verve dans le trivial et trouve sa beauté là où on ne l'attend pas. Pour notre plus grand plaisir.

• La femme est un diamant qui trotte sur des talons et qui, comme tout ce qui brille, éveille des convoitises. Aucun assureur ne vous couvre. C'est du danger pur jus. Vous êtes le conservateur d'un musée dont aucune porte ne ferme. La femme n'est qu'ouvertures, persiennes, jalousie.

• Pardon monsieur, la rue Gustave-Flaubert, s'il vous plaît ?
– Qu'est-ce que vous allez foutre, rue Gustave-Flaubert ?
– Mais enfin monsieur, ça ne vous regarde pas !
– Alors m'emmerdez pas !

• C'était le genre de beauté classée, monument historique, sauf qu'on peut pas déduire les frais de ravalement de sa feuille d'impôts.

• Vous vous êtes pas réveillée le jour où on a distribué l'intelligence ?

• Il faut bien qu'il y ait des cons pour qu'il y ait des crapules.

• Promoteurs, policiers véreux, politiciens corrompus, dans mes bras ! Qu'est-ce qu'on deviendrait sans vous ? Vous imaginez la faillite des médias ? La disparition de tous les grands journaux ? Resterait plus que *Géo*.

• *La veuve :* C'est votre problème… Vous avez tué mon mari, maintenant faut m'assumer. Je veux bien porter le deuil mais pas faire maigre.

• C'est la contemplation de la connerie qui donne la vocation du pouvoir.

• La solitude, c'est beaucoup mieux de la partager que de la garder pour soi tout seul.

• Tout ce que je raconte est vrai. Et particulièrement ce que j'invente.

Les boulevardiers

GEORGES FEYDEAU

1862-1921

Qui dit Feydeau dit comédie. Cet auteur dramatique semblait être né pour le théâtre. Le dramaturge se fond dans son œuvre, s'identifie à elle. Sa vie parisienne se partageait entre le Boulevard et Maxim's où il avait sa table attitrée. Il fut le Molière de son temps.

• Je ne croirai aux microbes que quand je les aurai vus à l'œil nu.

• La mère faisait des ménages, la fille les défaisait.

• Quand une femme parle, c'est pour ne rien dire, donc, quand elle ne dit rien, c'est qu'elle parle.

• L'argent ne fait pas le bonheur. C'est même à se demander pourquoi les riches y tiennent tant.

•

AURÉLIEN SCHOLL

1833-1902

Aurélien Scholl quitte, très jeune, Bordeaux pour Paris où il fera vite preuve de ses talents journalistiques. Fondateur de journaux et dandy provocateur, il éblouira ses proches par ses mots et ses reparties. Il mourra, un peu assagi, assez oublié.

• Dieu lui-même a besoin de publicité : il a les cloches.

• Il a si mauvaise haleine qu'en mangeant du poulet il croit que c'est de la bécasse.

• C'est drôle : tout le monde a ses pauvres et les pauvres n'ont personne.

•

PIERRE CAMI

1884-1958

Comme Aurélien Scholl, Pierre Cami, né à Pau, est monté à Paris où il débuta dans le journalisme. Il réunit ses chroniques en volume et finit par conquérir un public populaire. Il vivait à Montmartre où il écrivait la nuit. Charlie Chaplin, Prévert, Ionesco, Pierre Dac ou les Branquignols se sont inspirés de lui.

• « Pardon, monsieur, aimez-vous les enfants ?
– Je n'en ai jamais mangés… mais enfin… avec plaisir… »

• Le valet de chambre chez la voyante :
« Trouverai-je une bonne place ou gagnerai-je à la loterie ?
– Les deux : je vous vois gagnant et placé ! »

• À l'auberge, la servante était accorte et auvergnate, le menu copieux, les chaises en noyer et les water-closets au fond de la cour à droite.

• « Apprends-le aujourd'hui, ma fille, tu es un garçon !
– Enfer et damnation ! Vous ne pouviez pas m'avertir plus tôt ? J'ai un amant ! »

• Étant donné que le temps n'est pas pour moi de l'argent, et que l'argent ne fait pas le bonheur, j'ai tout à gagner en perdant mon temps.

• « Vous souvenez-vous de moi ?

– Oui… je crois… Il me semble que vos souliers ne me sont pas inconnus. »

•

ALPHONSE KARR

1808-1890

Ce brillant esprit commença une carrière de chroniqueur au Figaro *et devint, à 24 ans, la coqueluche du Tout-Paris. Romancier à la mode, il sera l'ami de Nerval, Gautier, Nadar, Dumas, Hugo. Il finira sa vie en pratiquant le commerce des fleurs coupées tout en cultivant son jardin.*

• Abolissons la peine de mort, mais que messieurs les assassins commencent.

• N'ayez pas de voisins si vous voulez vivre en paix avec eux.

• Des cinq sens que possède l'homme, le plus précieux est le sens commun.

• En fait de livres, il y en a beaucoup d'épelés et peu de lus.

• Si l'on veut gagner sa vie, il suffit de travailler. Si l'on veut devenir riche, il faut trouver autre chose.

• La femme est un être qui s'habille, qui babille, qu'on déshabille et qui se rhabille.

PHILIPPE BOUVARD

Né en 1929

«L'Humeur» de Philippe Bouvard s'exprime sous forme de chroniques et de billets dans la presse écrite et à la radio : cela finit par donner des milliers de pensées où la lucidité le dispute à l'humour et à la causticité. Bouvard brocarde la société au sein de laquelle il prospère sans jamais en être dupe.

• Le moi est haïssable. Mais c'est tout ce que j'ai.

• Que n'ai-je été un parfait imbécile ! On m'eût au moins apprécié comme je le méritais.

• Quand on ne me regardera plus de travers, je saurai que j'aurai cessé de marcher droit.

• La démocratie, c'est la moitié des cons plus un.

• Quand un journaliste parle de lui, il ne dit plus de mal de vous.

• Se payer la tête des imbéciles est le seul luxe qui n'exige pas de fortune personnelle.

• Quand on a (presque) tout raté, il faut au moins réussir le récit de ses malheurs.

• Quand quelqu'un vient me demander conseil pour son avenir, il me semble que mon propre passé s'allonge.

• Je suis tellement égoïste que le malheur des autres est capable de me gâter mon bonheur personnel.

• On appelle cadres les gens dont la peau du ventre se tend après les repas.

• La sieste s'est faite durant des siècles après le travail, puis avant. Aujourd'hui, à la place.

• Ceux qui ont les dents longues manquent souvent d'estomac.

• En politique, il est plus rentable de se contredire que de se répéter.

• La seule façon d'oublier qu'on n'a qu'une vie, c'est d'avoir plusieurs femmes...

• Si je suis revenu de tout, cela prouve au moins que j'y suis allé.

• C'est déjà assez triste d'être pauvre pour n'avoir pas, de surcroît, à se priver.

ALFRED CAPUS
1857-1922

Surnommé en son temps «Le Prince de l'esprit», Alfred Capus, quoique «immortel» parce que élu à l'Académie française, connut après sa mort un certain purgatoire. On redécouvre aujourd'hui l'esprit «capusien», dont la causticité s'alliait à une grande finesse.

• Ne laissons jamais traîner un mot, une idée, devant certains esprits. Il ne faut pas tenter les pauvres.

• Pour être anarchistes, il ne nous a manqué que de l'argent.

• Les honneurs tantôt consacrent la gloire, tantôt en tiennent lieu.

• Exerce-toi à changer souvent d'opinion politique.
C'est le seul moyen d'avoir un jour une véritable conviction.

• C'est surtout quand les journées paraissent longues que les années passent vite.

• Il y a des malheurs qui vous abattent, mais il y en a d'autres qui vous ressuscitent.

• Les meilleurs souvenirs sont ceux que l'on a oubliés.

• Vouloir arriver, c'est avoir fait déjà la moitié du chemin.

• L'homme a un an de plus chaque année et la femme tous les trois ans seulement.

• Dans certains dîners, si je n'étais pas là, comme je m'ennuierais !

• Dépendre de soi-même, c'est parfois la pire dépendance.

• L'instinct nous choisit des amis ; mais le jugement nous les conserve.

• Charité bien ordonnée commence par soi-même et continue par soi-même.

• Je n'ai rien pu faire pour mon moi de demain. C'est bien rare si je sympathise avec mon moi d'hier. Et à peine si je supporte mon moi d'aujourd'hui.

FRANÇOIS CAVANNA

1923-2014

Écrivain dont les colères et les coups de gueule sont célèbres, Cavanna est aussi un humoriste à la verve rabelaisienne, avec un côté «titi parisien» ou «escholier» à la Villon. Son style coloré, son goût charnel des mots l'ont conduit à se faire le farouche défenseur de la langue française.

• 5 000 ans avant Jésus-Christ: l'homme invente la roue. Sans perdre de temps, il s'attaque à l'invention de la bicyclette. Réflexion faite, il invente le cheval, qui est moins fatigant.

• Beethoven était tellement sourd que, toute sa vie, il a cru qu'il faisait de la peinture.

• En l'an 2000, un homme sur quatre sera chinois. Les trois autres seront japonais.

• C'est en forgeant qu'on devient forgeron. C'est en limant qu'on devient limaçon. C'est en polissant qu'on devient polisson. C'est en lisant qu'on devient liseron. C'est en aimant qu'on devient hameçon. Mais pour devenir riche, bon Dieu, comment fait-on ?

• La tortue est le seul animal qui peut faire l'amour avec un hérisson. Mais elle en a rarement envie.

• L'humour, c'est le malheur des autres.

• L'intelligence, ça ne se remplace pas, mais ça s'imite.

• Les hommes naissent libres et égaux en droits. Ensuite, ils se mettent à boire.

• Qui veut noyer son chien dit que c'est un poisson rouge.

• Quand l'homme eut inventé la selle, il s'aperçut que le plus dur restait à faire : attraper le cheval.

• Quand un cul-de-jatte rencontre un autre cul-de-jatte, ça fait un roi de jeu de cartes.

• Si jeunesse savait, vieillesse passerait un mauvais quart d'heure.

• Lorsque le monde est créé, il faut le boire.

• Aussitôt qu'il eut inventé la roue, l'homme l'utilisa. Il eut tort. Il aurait mieux fait d'attendre d'avoir inventé le frein.

CLAUDE CHABROL

1930-2010

Ce réalisateur qui fut un des pères de la «nouvelle vague» a construit une œuvre cinématographique hors du commun. Elle se caractérise par un «ton» singulier, mêlant humour, dérision et cruauté. Ce «ton» Chabrol se retrouve dans ses dialogues et ses écrits, aussi bien que dans sa vie.

• J'ai commencé à rire de mes emmerdements le jour où j'ai réalisé que j'étais le seul dans mon entourage à ne pas en rire.

• Se foutre de sa propre gueule est une satisfaction extraordinaire. Je m'étonne qu'il y ait tant de gens qui s'en privent.

• – *Quelle est la première chose que vous faites le matin en vous réveillant ?*

– Je me rendors.

• La bouffe n'est pas forcément un bonheur mais la mauvaise bouffe est un malheur !

• Un type qui ne boit pas de vin est un type qui ne connaîtra jamais le bonheur.

• Je déteste le proverbe : « Qu'importe le flacon pourvu qu'on ait l'ivresse. » Je préfère le contraire : « Qu'importe l'ivresse pourvu qu'on ait le flacon ! »

• Nous vivons une époque où les pizzas arrivent plus vite que la police.

• C'est un ami. C'est-à-dire que je suis fou de joie de le voir quand je ne l'ai pas vu depuis 10 ans.

• J'en ai assez d'être aimé pour moi-même, j'aimerais être aimé pour mon argent.

• Est-ce que je préfère embrasser ou me faire embrasser… L'idéal pour moi, c'est les deux en même temps.

• À tout choisir, je préférerais encore être cocu que jaloux. On souffre moins.

• Je voudrais mourir dans mon sommeil mais sur le matin seulement et après une bonne nuit.

• Je crois que si votre heure n'est pas venue, même un très bon médecin ne réussira pas à vous tuer !

COLUCHE
1944-1986

Truculent, énorme, iconoclaste, ce météore de l'ironie fut un des humoristes les plus percutants de cette fin du XXe *siècle. Candidat à la présidence de la République, fondateur généreux des Restaurants du cœur, Coluche aura marqué toute une génération par son sens du délire.*

• Quand je serai grand, je voudrai être vieux !

• Si la gauche en avait, on l'appellerait la droite !

• Les dessous de table sont si pleins qu'ils ne savent plus où les mettre.

• Pourquoi des mecs élus par nous pour faire ce qu'on veut, au lendemain des élections, font ce qu'ils veulent ?

• Honni soit qui manigance !

• Qu'est-ce qu'il fait, l'Éthiopien, quand il trouve un petit pois ? Il ouvre un supermarché.

• Un ministre inculpé de corruption de fonctionnaire : il avait donné un sucre à un chien policier.

• Un bateau qui s'en va, ce sont des choses qui arrivent !

• La moitié des hommes politiques sont des bons à rien. Les autres sont prêts à tout.

• À cette époque-là, il y avait beaucoup de boulot pour les ouvriers. Ils étaient pas beaucoup payés, mais il y avait beaucoup de boulot. Maintenant, ils sont mieux payés, les ouvriers, mais c'est fini, y a plus de boulot.

• Les Japonais fabriquent des vélos, Manufrance ferme. Les Japonais fabriquent des voitures, Renault va fermer. Si un jour les Japonais fabriquent du camembert et du vin rouge, il faudra fermer la France.

• Un Noir et un Blanc, c'est la même chose, sauf qu'il y en a un qui court plus vite.

• Dieu a dit : « Il y aura des hommes blancs, il y aura des hommes noirs, il y aura des hommes jaunes, il y aura des hommes grands, il y aura des hommes petits, il y aura des hommes beaux, il y aura des hommes moches et tous seront égaux, mais ça sera pas facile ! » Et puis il a dit : « Y en aura même qui seront noirs, petits et moches, et pour eux ça sera très dur ! »

• La Chine, c'est gai. Plus on est de fous, moins y a de riz.

• Les technocrates si on leur donnait le Sahara, dans cinq ans il faudrait qu'ils achètent du sable ailleurs.

• Y a des gens qui ont des enfants parce qu'ils n'ont pas les moyens de s'offrir un chien.

• Tous ces étrangers seraient bien mieux dans leur pays... La preuve : nous, on y va bien en vacances !

• Ici, tout ce qui n'est pas autorisé est interdit. Et tout ce qui n'est pas interdit est obligatoire.

• Si tous ceux qui n'ont rien n'en demandaient pas plus, il serait bien facile de contenter tout le monde.

• Moi j'ai pas connu le Christ, parce qu'il n'y a pas longtemps que je suis dans le show-business.

• La différence entre un idiot riche et un idiot pauvre : un idiot riche est riche, un idiot pauvre est un idiot.

GEORGES COURTELINE

1858-1929

De son vrai nom Georges Moinaux, Courteline fut longtemps rond-de-cuir au ministère des Cultes, d'où sa connaissance de l'administration qui lui inspira ses meilleures pièces et ses meilleurs écrits. L'adjectif « courtelinesque » est le plus sûr garant de sa postérité.

• Il ne faut jamais gifler un sourd. Il perd la moitié du plaisir : il sent la gifle, mais ne l'entend pas.

• Il est évidemment bien dur de ne plus être aimé quand on aime, mais cela n'est pas comparable à l'être encore quand on n'aime plus.

• L'amour n'est fait que du désir d'avoir ou de la gratitude d'avoir eu.

• Une femme bien élevée : une de ces femmes qui veulent bien faire comme les autres, à la condition que les autres n'en sachent rien.

• Il est consolant de penser que si la folie ne gagne rien au contact de la raison, en revanche, la raison s'altère au contact de la folie.

• S'il fallait tolérer aux autres tout ce qu'on se permet à soi-même, la vie ne serait plus tenable.

• Passer pour un idiot aux yeux d'un imbécile est une volupté de fin gourmet.

• Il y a des gens chez lesquels la simple certitude de les pouvoir satisfaire fait naître des besoins spontanés.

• J'achète toute la rue de Rivoli et j'en démolis les maisons que je reconstruis la tête en bas ! Quelle plus-value pour les mansardes !

• Il vaut mieux gâcher sa jeunesse que de n'en rien faire du tout.

• *Et revenant de Hollande, il confia :*
À La Haye, les gens sont tellement propres que, quand ils ont envie de cracher, ils prennent le train pour aller cracher à la campagne.

• La jeunesse est le plus grand des biens ; la vieillesse la pire des disgrâces. Elle n'est profitable qu'à l'alcool.

• J'étais né pour rester jeune, et j'ai eu l'avantage de m'en apercevoir, le jour où j'ai cessé de l'être.

PIERRE DAC

1893-1975

Maître en loufoquerie d'au moins deux générations, Pierre Dac a su imposer un humour mêlant à l'absurde une impitoyable logique, et qui demeure inimitable, même s'il a été souvent imité. Ses conférences et certains de ses sketches sont devenus des classiques.

• Il ne faut jamais remettre au lendemain ce qu'on n'a pas fait le jour même, mais qu'on aurait pu faire la veille ou l'avant-veille du surlendemain.

• Tout penseur avare de ses idées est un penseur de Radin.

• Pour ceux qui vont chercher midi à 14 heures, la minute de vérité risque de se faire longtemps attendre.

• Mourir en bonne santé, c'est le vœu de tout bon vivant bien portant.

• Si la fortune vient en dormant, ça n'empêche pas les emmerdements de venir au réveil.

• La perte d'un objet bon marché est préférable à celle d'un être cher. Encore que l'une n'empêche pas l'autre.

• Le démon de midi arrive souvent à 14 heures.

• Si la semaine de 40 heures était réduite de moitié, les fins de mois auraient lieu tous les 15 jours.

• S'il est vrai, comme l'a écrit Guillaume Apollinaire, que sous le pont Mirabeau coule la Seine, il est non moins vrai, comme l'a écrit le préfet de la Seine, que sur le pont Mirabeau ne poussent pas les mirabelles.

• La voix de celui qui crie dans le désert d'Arizona a bien peu de chance d'être entendue de ceux qui glandent *Dans les steppes de l'Asie centrale* de Borodine.

• Mettre de l'argent de côté pour l'avoir devant soi, est, pour paradoxale qu'elle soit, une façon comme une autre d'assurer ses arrières à effet de ne pas l'avoir dans le dos.

• Je pense souvent, non sans vertige, à la quantité de bœuf et de légumes qu'il faudrait pour faire un pot-au-feu avec l'eau du lac Léman.

• Le crétin prétentieux est celui qui se croit plus intelligent que ceux qui sont aussi bêtes que lui.

• Il est démocratiquement impensable qu'en république il y ait encore trop de gens qui se foutent royalement de tout.

• Les résistants de 1945 sont, parmi les plus glorieux et les plus valeureux combattants de la Résistance, ceux qui méritent le plus d'estime et le plus de respect parce que, pendant plus de quatre ans, ils ont courageusement et héroïquement résisté à leur ardent et fervent désir de faire de la Résistance.

• Parler pour ne rien dire et ne rien dire pour parler sont les deux principes majeurs et rigoureux de tous ceux qui feraient mieux de la fermer avant de l'ouvrir.

• La véritable et sincère amitié verbale profondément superficielle est celle sur laquelle on peut absolument compter quand on n'a strictement besoin de rien.

• La mort n'est, en définitive, que le résultat d'un défaut d'éducation puisqu'elle est la conséquence d'un manque de savoir-vivre.

SALVADOR DALÍ

1904-1989

Il disait de lui-même : «Dalí est un génie», et personne, ou presque, ne songeait à le contredire. Il a traversé son siècle en génie provocateur, en peintre exceptionnellement doué, en surréaliste plus fou que ses amis surréalistes. Ses écrits témoignent de son talent protéiforme.

• L'unique différence entre un fou et moi, c'est que moi je ne suis pas fou.

• Picasso est espagnol, moi aussi ! Picasso est un génie, moi aussi ! Picasso est communiste, moi non plus !

• Il y a des gens qui ne sont pas assez intelligents pour avoir toutes les opinions à la fois. Je ne suis pas de ceux-là.

• Ne craignez pas la perfection. Vous n'y parviendrez jamais.

• J'adore mes ennemis quand ils sont intelligents autant que je déteste les stupides qui me défendent.

• Je ne me suis jamais drogué, puisque je suis la drogue.

• Le moins que l'on puisse demander à une sculpture, c'est qu'elle ne bouge pas.

• La vie est une aspiration, une respiration et une expiration.

• Mon érotisme : des œufs sur le plat sans le plat.

• Tout homme de quarante ans qui prend encore le métro est un raté.

• Tout me modifie, mais rien ne me change.

• Quand je regarde le ciel étoilé, je le trouve petit. Ou bien c'est moi qui grandis, ou bien c'est l'univers qui rétrécit. À moins que ce ne soit les deux à la fois.

• Sans mes ennemis, je ne serais pas ce que je suis.

• Dès mon enfance, j'ai décidé de traverser la vie en étant légèrement multimillionnaire.

• La Révolution russe, c'est la Révolution française qui arrive en retard, à cause du froid.

FRÉDÉRIC DARD

1921-2000

Le commissaire San-Antonio, né de l'imagination fertile de Frédéric Dard, est un personnage de notre mythologie contemporaine. Il s'inscrit dans notre mémoire collective. Quand Frédéric Dard le fait parler, c'est la gouaille et la drôlerie qui nous sautent au nez.

• Ma femme est jeune, j'ai toute sa vie devant moi.

• Si j'avais su que je l'aimais tant, je l'aurais aimée davantage.

• Je te trouve tellement jolie que tu dois sûrement l'être un peu.

• Une femme doit toujours avouer son âge quand il lui va bien.

• À force d'être déçu par les autres, je finirai bien par croire en moi.

• Je n'ai pas de prochain. Mes moyens ne me le permettent pas.

• Il roule en Cadillac parce que le métro se paie comptant.

• Il y a des gens qui disent la vérité comme une montre arrêtée donne l'heure : deux fois par jour et pas longtemps.

• Il y a des hommes qui prétendent que la plus belle conquête de l'homme, c'est le cheval. Ceux-là ne sont jamais montés à vélo !

• Il vaut mieux se tromper en allant de l'avant que d'avoir raison en reculant.

• Si on ne dit pas ce qu'on pense au moment où on le pense, on ne pensera plus ce qu'on dit au moment où on le dira.

• Ah, mon Dieu, c'était donc pas assez que les hommes soient mortels ? Pourquoi les avoir faits si cons ?

• L'ambition éloigne l'homme de lui-même : il se quitte pour arriver.

• Le futur n'est autre que du présent qui se précipite à notre rencontre.

• Les hommes s'imaginent faire des enfants, alors qu'ils ne font que des hommes.

• Les hommes sont faits pour s'entendre quand ils ne se tuent pas.

• Les jours passent lentement à une allure folle.

• Je ne serai jamais adulte, et après ? Il y a tellement de gamins qui le sont pour moi.

• Le cercle n'est qu'une ligne droite revenue à son point de départ.

• Jeanne d'Arc n'a pas sauvé la France en étant guerrière, mais en étant combustible.

• Quand un obèse pleure, on croit qu'il transpire.

• Il a tellement changé qu'il a eu du mal à me reconnaître.

• Allons, enfants de l'apatride, le jour de gloire est tarifé !

• On dit que les aveugles ne voient pas ; c'est faux : ils voient noir.

• Un animal à la mode ? Mais le bœuf, voyons.

• C'est bon de manger. Ça fait digérer.

• Un piéton est un monsieur qui va chercher sa voiture.

JEAN DUTOURD

1920-2011

Amoureux du XVIIIe *siècle et de ses écrivains, Jean Dutourd est sûrement un de leurs héritiers les plus exemplaires. Dans ses romans comme dans ses essais, il fait preuve de cet esprit caustique, servi par une immense culture, qui fait la joie de ses lecteurs.*

• Je suis pessimiste avec la tête et optimiste avec le cœur.

• La vérité a la vie dure. Sans doute parce qu'elle n'est pas pressée.

• Quelle malédiction que d'avoir été jeune et de ne pas l'avoir oublié, de vouloir répéter indéfiniment la jeunesse !

• On est facilement heureux quand on croit que rien ne vous est dû.

• Je ne sais pas ce que c'est que le bonheur. Je n'ai jamais été heureux mais j'ai toujours été gai.

• On n'ose plus rien demander aux jeunes gens. C'est là le crime que commet notre société.

• On ne comprend guère le mot jeunesse avant trente ans.

• En amour, pour gagner, il faut toujours faire le contraire de ce qu'on désire.

• La femme est le roman de l'homme.

• La guerre et l'amour sont à peu près les dernières choses qu'on fasse sans permis, ce qui est évidemment un anachronisme.

• Une vérité qui coûte quelques millions a plus de chance d'être crue qu'une vérité qui ne coûte rien. Du moins c'est ainsi que fonctionnent les administrations.

• On est courageux à si bon compte aujourd'hui qu'on se demande pourquoi si peu de personnes s'y essaient.

• L'ingratitude est la marque des peuples forts. Des peuples faibles aussi.

• Il est heureux que les chiens n'aient pas la parole. Ils demanderaient le droit de vote et, qui sait ? s'ils aboyaient très fort, peut-être le leur accorderait-on.

JACQUES DUTRONC

Né en 1943

Cet amateur de gros cigares et de soleil corse, promène avec nonchalance et humour sa silhouette dégingandée, en dissimulant, à peine, ses yeux clairs derrière des lunettes, et son humour, aussi fin que désabusé.

• Je déteste mon numéro de téléphone.

• Dans les hôpitaux, ce sont plus les visiteurs que les malades qui font des gueules d'enterrement.

• Un véritable fantôme, ça me plairait assez. J'achèterais. S'il passe à travers les murs, je pourrais l'envoyer faire les courses la nuit, quand c'est fermé.

• Je déteste marcher pieds nus sur des bouteilles cassées.

• Se lever tôt, se coucher tôt, pour un homme sain et beau, telle est ma devise.

• Je suis insomniaque. Le lit, c'est ce qu'il y a de plus dangereux. Plus dangereux que la voiture. Il suffit de penser au nombre de gens qui y meurent.

• Travailler, d'accord, encore faut-il avoir le temps…

• Je compte mes amis sur les doigts d'un pied.

• Je suis toujours à l'heure à mes rendez-vous, comme ça je peux repartir plus vite.

• Ce qui est amusant, c'est de jeter une bouteille à la mer et de croire qu'elle rapportera la réponse.

• Je n'ai jamais été très optimiste. À tel point que j'ai toujours hésité à m'abonner pour plus d'un an à un magazine.

• Le prix Nobel de la paix… Certains tueraient pour l'avoir, non ?

• Le problème du bonheur, c'est que ça cache toujours quelque chose, la note finit toujours par tomber. Alors quand je suis heureux, j'attends la facture.

• Je déteste l'anticyclone des Açores.

• J'ai arrêté de croire au Père Noël le jour où, dans une galerie marchande, il m'a demandé un autographe.

• Je déteste les huîtres à la lavande.

• Je pense du bien de l'Afrique. Mais qu'est-ce que l'Afrique pense de moi ?

• L'Amérique, c'est un immense centre commercial avec un très grand parking. Si on est bien garé, ça va, mais si on attend sa place, on peut crever.

• Tout le monde peut séduire. La preuve, il y a des enfants partout…

• Certes, il peut y avoir des accidents dans le couple, mais ce n'est pas parce qu'on crève un jour qu'il faut jeter la voiture.

• Les cafés, je suis très fidèle. Quand je fais l'ouverture, je fais aussi la fermeture.

ANATOLE FRANCE

1844-1924

Cet « immortel » souffre de son image, celle d'un « classique » pour dictées, d'un inoffensif un rien compassé. En lisant ses pensées, on découvre vite qu'il n'en est rien ; sa plume est féroce, acide, son esprit iconoclaste et décapant. Il faut le redécouvrir d'urgence.

• J'ai des ennemis, et je m'en vante : je crois les avoir mérités.

• Il n'avait reçu aucune distinction honorifique. Il est vrai qu'il méprisait les honneurs. Mais il sentait qu'il eût été plus beau de les mépriser en les recevant.

• On n'est pas tout à fait sincère sans être un peu ennuyeux.

• IL se flattait d'être sans préjugés, et cette prétention était à elle seule un gros préjugé.

• Comme il n'avait pas d'amis, personne ne pensa à nuire à son succès.

• Je m'ennuierais beaucoup et je fuirais ma propre conversation si j'étais toujours d'accord avec moi-même ; heureusement, il n'en est rien et je me contredis de temps en temps.

• Il faut qu'une femme choisisse. Avec un homme aimé des femmes, elle n'est pas tranquille. Avec un homme que les femmes n'aiment pas, elle n'est pas heureuse.

• La mendicité n'est interdite qu'aux pauvres.

• Nos raffinés trouvent le patriotisme un peu vulgaire. Il est vrai que c'est le sentiment qui, sans nul doute, a inspiré le plus de bêtises et le plus de laideurs, parce que c'est le sentiment le plus accessible aux imbéciles.

• Le christianisme a beaucoup fait pour l'amour en en faisant un péché.

• Il n'est rien comme de condamner à mort un général pour donner du cœur aux autres.

• Les maris défunts viennent tourmenter, la nuit, leurs femmes mariées en secondes noces, et j'en pourrais nommer plusieurs qui, morts, ont mieux gardé leurs épouses qu'ils ne l'avaient fait vivants.

ANDRÉ FROSSARD

1915-1995

Le fameux chroniqueur du Figaro, passé du parti communiste à la religion catholique, n'a jamais épargné personne lors de son parcours tumultueux. Esprit libre, il a toujours, envers et contre tous, fait cavalier seul. Comment aurait-il pu en être autrement pour cet iconoclaste à l'intelligence tranchante et à l'humour acide.

• En France, le discours politique vole bas, mais il n'atterrit jamais.

• Les Français ne veulent pas d'une société sans lois. Comment pourrait-on les tourner, si elles n'existaient pas ?

Nous avons généralement en France un gouvernement d'hommes qui savent ce qu'ils veulent. Ils veulent y rester.

• On accusait autrefois les hommes politiques de ne songer qu'à « se remplir les poches ». Aujourd'hui, on ne leur reproche plus guère que de vider les nôtres.

• En France, le premier principe de la politique est : tout ce que vous faites est mauvais et restera mauvais jusqu'à ce que ce soit moi qui le fasse.

• Enfin un peu d'optimisme : si les sondages défavorables au pouvoir continuent à descendre à cette vitesse, on finira par trouver du pétrole.

• En France, il ne faut jamais cesser de parler de réformes et se garder d'en faire.

• Quand un gouvernement se trompe, il n'a qu'une solu tion : persévérer dans l'erreur.

• L'obligation de faire l'éloge de ses prédécesseurs est un bonne tradition. On devrait en étendre l'usage à la politiqu Les lendemains d'élection seraient plus reposants.

• Karl Marx, ce grand homme, avait tout prévu, excep le marxisme.

• Une colonisation a pleinement réussi le jour ou le colonisé est en état de mettre le colonisateur à la porte.

• On ne se confesse plus aujourd'hui à son curé, mais on se confesse de plus en plus volontiers à la télévision.

CHARLES DE GAULLE

1890-1970

La France, le pays, la République, l'État, le monde, le peuple, la nation, le progrès, la paix, l'avenir : tels sont les mots-clés de la pensée gaullienne qui a réussi à exprimer avec éloquence et drôlerie le rapport passionnel de cet homme d'exception avec la France et les Français.

• La gloire est une maîtresse capricieuse : elle exige tout et ne pardonne rien.

• Les diplomates ne sont utiles que par beau temps fixe. Dès qu'il pleut, ils se noient dans chaque goutte.

• La pire calamité après un général bête… c'est un général intelligent…

• Et puis comment voulez-vous que les Français s'entendent dans un pays où il y a 270 sortes de fromages ?

• Au début, vous savez, je crois que j'étais à peu près comme tout le monde. C'est-à-dire que je n'étais guère gaulliste… Et puis, petit à petit, en me regardant faire, je le suis devenu…

• Comme un homme politique ne croit jamais ce qu'il dit, il est tout étonné quand il est cru sur parole !

• Les armes, c'est un métier qui fait couler beaucoup de larmes.

• Quand on achète un livre aujourd'hui ce n'est pas pour le lire, c'est pour l'avoir lu…

• Comment peut-on être ministre et dîner en ville ! Il est vrai que s'il en était autrement… il n'y aurait plus de ministres.

• Quand tout va mal et que vous cherchez votre décision, regardez vers les sommets ; il n'y a pas d'encombrements.

• *À l'annonce de l'attaque japonaise sur Pearl Harbor, le général de Gaulle aurait confié au colonel Passy, chef de son service de renseignements :*
Les Allemands ont perdu la guerre. C'est la General Motors qui va la gagner.

• Napoléon, dans le concours des grands hommes, est toujours avant Parmentier…

• *Décembre 1920. Note d'un carnet personnel :*
La diplomatie est l'art de faire durer indéfiniment les carreaux fêlés !

SACHA GUITRY

1885-1957

Comédien, dramaturge, cinéaste, romancier, Sacha Guitry se place dans la lignée de nos meilleurs moralistes, de La Rochefoucauld à Chamfort. Ses sarcasmes pesaient lourd mais ses boutades étaient légères. Il aima passionnément les femmes et la vie.

• Le peu que je sais, c'est à mon ignorance que je le dois.

• J'ai déchiré le testament que je venais d'écrire.
Il faisait tant d'heureux que j'en serais arrivé à me tuer pour ne pas trop les faire attendre.

• Il y a des gens qui parlent, qui parlent, qui parlent – jusqu'à ce qu'ils aient enfin trouvé quelque chose à dire.

• Elle avait du chagrin parce qu'elle se croyait inconsolable.

• Quand une femme qui me plaît me fait demander au téléphone, je me donne vite un coup de peigne avant d'y aller.

• On a les femmes dans les bras, puis un jour sur les bras, et bientôt sur le dos.

• Si vous êtes un jour traité de parvenu, tenez pour bien certain que vous serez arrivé.

• C'est entre trente et trente et un ans que les femmes vivent les dix meilleures années de leur vie.

• Comme elle avait parfois des remords, elle s'imaginait qu'elle avait du cœur.

• Le mariage est comme le restaurant : à peine est-on servi qu'on regarde ce qu'il y a dans l'assiette du voisin.

• Il y a devant l'amour trois sortes de femmes : celles qu'on épouse, celles qu'on aime et celles que l'on paie. Ça peut très bien être la même : on commence par la payer, on se met à l'aimer, puis on finit par l'épouser.

• Il y a des femmes dont l'infidélité est le seul lien qui les attache encore à leur mari.

• À l'égard de celui qui vous prend votre femme, il n'est de pire vengeance que de la lui laisser.

• Elle s'est donnée à moi, et c'est elle qui m'a eu.

• Je ne sais rien de plus triste – ou de plus inquiétant – que le visage d'une femme qui ne sait pas qu'on la regarde.

• Je me demande parfois si je ne deviens pas fou, car il m'arrive de me dire :
« Plus tard, quand je serai jeune… »

• Être privé de quoi que ce soit – quel supplice !
Être privé de tout – quel débarras !

• Je suis si fatigué que je bâille en dormant.

• J'ai fait tant et tant de projets – et depuis si longtemps – que mon avenir est plein de vieilles connaissances.
On dirait le passé d'un autre.

• Si ceux qui disent du mal de moi savaient exactement ce que je pense d'eux, ils en diraient bien davantage !

• Ma vie de garçon a la vie dure – et c'est en vain que depuis quarante ans je l'enterre.

OLIVIER DE KERSAUSON

Né en 1944

Olivier de Kersauson est un marin hors pair, détenteur de nombreux records, doublé d'un homme de culture et d'un humoriste ravageur. Sa misogynie proverbiale est à proportion inverse de son amour de la mer et de la course.

• La femme idéale ? C'est celle qui est partie.

• Il faut faire tourner une femme en bourrique : c'est son meilleur rôle.

• Le cerveau d'une femme, c'est vide, c'est vaste, c'est le désert. En un mot, c'est l'aventure.

• La famille, je m'en suis exilé de justesse. C'était un monde strictement désespérant.

• Il n'y a que les imbéciles qui rêvent de se transformer en quelqu'un d'autre qu'eux-mêmes.

• Le poisson qui me bouffera est pané.

• J'ai failli avoir la médaille de sauvetage mais le type que j'allais sauver je l'ai rejeté à l'eau car en fait je n'aime pas les médailles.

• Quand un cachalot vient de droite, il est prioritaire. Quand il vient de gauche aussi.

• Contrairement à la rumeur, la raie au beurre noir n'est pas une recette sénégalaise.

• Les alcooliques tuent sur les routes, il faut supprimer les routes.

• Ce qui différencie la choucroute mâle de la choucroute femelle, c'est que dans la choucroute mâle il y a de la saucisse.

• La mort est une libération. Surtout pour la famille.

• Les Québécois sont des Belges qui n'ont pas eu de chance.

• On sait que les morts ne parlent plus mais qui peut dire qu'ils n'entendent pas ?

• Un maquereau, c'est un monsieur qui permet à des jeunes filles de marcher sur le trottoir sans se faire attaquer, et, en plus, d'en tirer un bénéfice substantiel. C'est un gentleman.

• Les femmes adorent qu'on leur apporte des fleurs et qu'on leur dise qu'elles sont belles. Le plus difficile, c'est de ne pas rire.

• Les navigateurs sont l'inverse des camemberts : ceux qui ne coulent pas sont les meilleurs.

• Si Dieu existe, c'est son problème.

• Un flamand rose, c'est un Flamand belge qui a pris un coup de soleil.

• Les cigognes installent leurs nids sur des cheminées pour faire cuire leurs œufs.

• Une actrice sait qu'elle est très vieille le jour où c'est une infirmière qui lui remet son cachet.

• Le baisemain c'est un bon début. Ça permet de renifler la qualité de la viande.

• Ce que je préfère entre une belle pauvre et une riche moche ? Celle qui dit oui la première.

LES MARX BROTHERS

Milton dit Gummo (1893-1977)
Herbert dit Zeppo (1901-1979)
Leonard dit Chico (1886-1961)
Adolph Arthur dit Harpo (1888-1964)
Julius Henry dit Groucho (1890-1977)

Ces maîtres en provocation et en dérision étaient identiques à eux-mêmes, à la ville comme à la scène. Ils traquaient avec délectation e acharnement la bonne conscience et le puritanisme de leurs contemporains. Ils furent longtemps l'éclat de rire de Hollywood.

• La prochaine fois qu'on se verra, rappelez-moi de ne pas vous parler !

Groucho

• Il avait le front si bas que son nez semblait sortir de ses cheveux.

Harpo

• Je vous offrirais bien un parachute si seulement j'étais sûr qu'il ne s'ouvre pas.

Groucho

• La discrétion est ma devise. Je ne dis jamais rien. Même sur ma carte de visite, il n'y a rien d'écrit.

Groucho

• Je vais consulter mon avocat, et s'il accepte de s'occuper de mon affaire, je change d'avocat.

Groucho

• Je ne suis pas trop vieux pour elle, c'est elle qui n'est pas assez jeune pour moi.

Groucho

• *Une femme :*
« Si on vous trouve, vous êtes perdus.
Chico. – Comment voulez-vous qu'on soit perdus si on nous trouve ? »

• Quand votre jeune voisine sonne chez vous à minuit parce qu'elle a perdu sa clé, téléphonez-vous au serrurier d'abord ?

Groucho

• Ne vous fiez pas aux couples qui se tiennent par la main. S'ils ne se lâchent pas c'est parce qu'ils ont peur de s'entre-tuer.

Groucho

• Je suis parti de rien et à force de travail, j'en suis arrivé à une extrême pauvreté.

Groucho

• Je me sens aussi jeune que si j'étais né ce matin. Mais la journée a été très longue.

Groucho

• On juge un homme aux factures qu'il reçoit.

Groucho

• *Groucho, prenant le pouls de Harpo :*
Ou cet homme est mort ou ma montre est arrêtée.

• J'ai ton nouveau numéro de téléphone au cas où je ne souhaiterais pas t'appeler.

Groucho

• J'ai passé un accord avec les mouches. Elles ne s'occupent pas de faire des affaires. Moi, je ne marche pas au plafond.

Groucho

• Je n'oublie jamais un visage, mais je ferai une exception dans votre cas !

Groucho

• *Épitaphe :*
J'aurais pu vivre plus longtemps, mais maintenant c'est trop tard.

Groucho

• Grâce à la diligence de Chico, il y avait des jours où le magasin du prêteur sur gages de la Troisième Avenue contenait plus d'objets de la famille Marx que l'appartement familial.

Harpo

PHILIPPE MEYER

Né en 1947

«Dilettante éclairé», cet ancien chroniqueur matutinal de France Inter faisait les délices de ses auditeurs en s'interrogeant sur tous les sujets possibles et imaginables, avec une impertinence qui n'avait d'égale que sa pertinence. Il pense, avec Montesquieu, que «la gravité est le bouclier des sots».

• Je n'ai jamais rêvé d'être une femme, mais être une veuve, cela m'aurait beaucoup plu.

• Rien n'est plus susceptible qu'une tante à héritage. Je le sais, j'en ai une qui jouit d'une santé qui me rend malade.

• Un touriste se reconnaît au premier coup d'œil. C'est un individu habillé d'une manière telle que, s'il se trouvait dans son propre pays, il se retournerait dans la rue en se voyant passer.

• Quand le temps est gris et le baromètre bas, si vous souhaitez vous évader par le rêve, feuilletez une collection du *Journal officiel*.

• Ce n'est pas pour me vanter mais la vie a un bon côté, même si il est plus court que les autres, ce qui prouve que la vie n'est pas équilatérale.

• Il a encore tout à apprendre, et il y en a pour un moment, vu que les chiffres de son coefficient intellectuel et ceux de sa tension artérielle ont une nette tendance à se confondre.

• Ce n'est rien de dire que les Anglais aiment les animaux, ils les aiment tellement qu'au lieu, comme nous, de les faire brutalement rôtir ils les cuisent tout doucement dans de l'eau tiède avec de la sauce à la menthe.

• *Point final* – Le ridicule, c'est comme le gigot : ça ne peut être servi que juste à point.

PIERRE PERRET

Né en 1934

Ses chansons gouailleuses et tendres nous enchantent depuis longtemps, sans jamais se démoder. «L'ami Pierrot» est un de nos populaires baladins, en même temps qu'un extraordinaire manieur de mots et d'images.

• On a souvent besoin d'un plus petit que soi pour lui casser la gueule.

• L'appétit vient en mangeant les économies d'un autre.

• Il vaut mieux avoir plusieurs cordes à son arc qu'un cheveu sur la langue.

• Quand on n'a pas ce que l'on aime, il faut aimer ce que les autres n'ont pas voulu.

• Il demanda les pleins pouvoirs, afin d'obtenir au bureau ce qu'il n'avait pas à la maison.

• Oublier de respirer reste la seule distraction fatale.

• C'est généralement ceux qui ont le nez creux qui trouvent que l'argent n'a pas d'odeur.

• Il est moins rare que paradoxal de se retrouver le bec dans l'eau quand on va prêcher dans le désert.

• Mieux vaut partir sans demander son reste que de rester en se demandant à quelle heure on va pouvoir partir.

• Quand on a du fil à retordre, c'est qu'il a été mal tordu la première fois.

• Il fait comme l'hirondelle : il gagne sa vie en volant.

• C'est en forgeant qu'on devient vachement fatigué.

• Il a pas de bol dans la vie : c'est le genre de type qui ferait naufrage dans un bateau chargé de crucifix.

• Docteur quand je m'ennuie je fume
Quand je fume je tousse
Quand je tousse je crache
Quand je crache j'ai soif
Docteur quand j'ai soif je bois
Mais j'ai peur que ça devienne une coutume
Alors je fume.

JULES RENARD

1864-1910

Écrivain, dramaturge, critique, Jules Renard devint, avec Poil de Carotte, *un auteur à succès. Cela ne l'empêcha pas de rester misanthrope, misogyne et anticlérical. Son maître-livre demeure le* Journal, *chef-d'œuvre de tendresse et de férocité, mais également de poésie.*

• Il ne suffit pas d'être heureux : il faut encore que les autres ne le soient pas.

• Je sais nager juste assez pour me retenir de sauver les autres.

• Rien ne sert de mourir : il faut mourir à point.

• Et votre grand-mère est bien toujours morte, n'est-ce pas ? Je ne me trompe pas ?

• Le soleil se lève avant moi, mais je me couche après lui : nous sommes quittes.

• La vie mène à tout, à la condition d'en sortir.

• Si l'argent ne fait pas le bonheur, rendez-le !

• Si l'on bâtissait la maison du bonheur, la plus grande pièce en serait la salle d'attente.

• Quand je regarde une poitrine de femme, je vois double.

• Une femme allait mentir, comme d'habitude ; elle s'est retenue, parce qu'elle est en deuil.

• « Comme vous avez la peau blanche !
– Oui, mais c'est bien salissant. »

• Appelons la femme un bel animal sans fourrure dont la peau est très recherchée.

• Un ami ressemble à un habit. Il faut le quitter avant qu'il ne soit usé. Sans cela, c'est lui qui nous quitte.

• J'ai bâti de si beaux châteaux que les ruines m'en suffiraient.

• Quand on annonça à cet homme de gouvernement : « Votre femme est morte », il demanda :
« Est-ce officiel ? »

• On pouvait voir à travers sa barbe combien il eût été laid sans barbe.

ANTOINE DE RIVAROL

1753-1801

Voltaire l'avait surnommé «le Français par excellence». Cette remarque n'était pas usurpée. Rivarol fut, à son époque, célèbre dans toute l'Europe. À contre-courant des idées de son temps, ses pensées et maximes ont illuminé cette période effervescente de la Révolution française.

• C'est un terrible avantage que de n'avoir rien fait, mais il ne faut pas en abuser.

• Il est plus facile d'être bon pour tout le monde que pour quelqu'un.

• On passe la moitié de sa vie à retenir sans comprendre, et l'autre moitié à comprendre sans retenir.

• On ne va jamais aussi loin que lorsqu'on ne sait pas où l'on va.

• Dans chaque ami, il y a la moitié d'un traître.

• Nous sommes le seul animal qui soit surpris de l'univers, et qui s'étonne tous les jours de n'en être pas plus étonné.

• Je pardonne aux gens de n'être pas de mon avis ; je ne leur pardonne pas de n'être pas du leur.

• Un livre qu'on soutient est un livre qui tombe.

• Je n'ai pas une minute à moi, je me surmène de paresse.

• Ce qu'il y a d'agréable dans les mauvaises nouvelles, c'est que neuf fois sur dix elles sont fausses.

• Il faut s'être aimé bien peu pour pouvoir rester amis quand on ne s'aime plus.

• Toutes les vérités ne sont pas bonnes à dire ; tous les mensonges sont bons à entendre.

• L'éternité ? Je m'y plairai sûrement, cela commence couché.

• En voyant les petits à l'œuvre, on se réconcilie avec les grands.

• L'homme passe sa vie à raisonner sur le passé, à se plaindre du présent, à trembler pour l'avenir.

• Il n'est rien de si absent que la présence d'esprit.

BERNARD SHAW
1856-1950

Dramaturge, critique musical, philosophe politique et observateur de son époque, Bernard Shaw sut amuser et exaspérer son public au long d'une carrière de plus de soixante ans fertile en polémiques. Il demeure, en ce début de XXI*e* *siècle, un des maîtres de l'humour.*

• La vie est trop courte pour être prise au sérieux.

• Tout nous arrive un jour, tôt ou tard, ce n'est qu'une question de temps.

• Beaucoup de gens ne sont jamais jeunes et quelques-uns ne sont jamais vieux.

• Peu de choses distinguent la société des hommes d'une cour de ferme, si ce n'est que les enfants sont beaucoup plus embêtants et coûteux à élever que les poulets.

• L'humanité serait depuis longtemps heureuse si les hommes employaient tout le génie qu'ils mettent à réparer leurs erreurs à ne pas les commettre.

• Ce que Dieu a uni, aucun homme ne saurait le délier. Dieu s'en chargera lui-même.

• Le premier amour ne réclame qu'un peu de sottise et beaucoup de curiosité.

• La jeunesse à laquelle tout est pardonné, ne se pardonne rien : au grand âge qui se pardonne tout, rien n'est pardonné.

• Ne faites pas aux autres ce que vous voudriez qu'ils vous fassent… leurs goûts pourraient ne pas être les mêmes.

• Jeunesse : un état trop merveilleux pour le perdre avec des enfants.

• Je suppose que vous pensez rarement. Il y a très peu de gens qui pensent plus de trois ou quatre fois par an. Moi qui vous parle, je dois ma célébrité au fait que je pense une ou deux fois par semaine.

• L'Angleterre et l'Amérique sont deux pays séparés par la même langue.

• Un banquier est un homme qui vous prête un parapluie quand il fait beau et vous le reprend quand il pleut.

• L'homme le plus inquiet de la prison en est le directeur.

• Ma spécialité est d'avoir raison quand les autres ont tort.

• Tout ce que les gens veulent à tout prix savoir ne les regarde généralement pas.

• Je ne résiste jamais à la tentation car j'ai découvert que ce qui est mauvais pour moi ne me tente pas.

• Il existe trois personnes de qui on ne peut attendre le moindre bon sens : un homme qui aime, une femme qui aime, et une femme qui n'aime pas.

• La fidélité n'est pas plus naturelle à l'homme que la cage ne l'est au tigre.

• C'était une jeune fille extrêmement belle et aussi innocente qu'une rose. Lorsqu'il l'embrassa, elle crut pour de bon qu'elle allait avoir un enfant.

• Il n'y a de vrais secrets que ceux qui se gardent tout seuls.

JACQUES STERNBERG

1923-2006

Le plus noir de nos philosophes-humoristes contemporains, et le seul à circuler en Solex. Chez Sternberg la hantise de la mort, la conscience permanente de l'inutile, la haine de tout ce qui est ordinaire et convenu se traduisent par des formules assassines et souvent irréfutables.

• Comment croire à Dieu qui, depuis le temps, n'a même pas le téléphone ?

• Comment rira celui qui mourra le dernier ?

• Dis-moi ce que tu tais, je te dirai qui tu es.

• Beaucoup d'hommes ont une idée derrière la tête. Très loin derrière, presque toujours.

• Les hantises de l'homme se réduisent à trois points de mire : mon moi, mes mois et mes émois.

• Un sein vaut mieux que deux tu l'auras.

• Que de femmes croient avoir des jambes alors qu'elles n'ont que des jambons.

• Étonnant qu'on ne trouve jamais gravée sur aucune tombe l'épitaphe « Au secours ! »

• L'ambition des uns fait l'abolition des autres.

• Un certain nombre de gens gagnent à être connus, mais de toute façon pas trop longtemps.

• On ne vit qu'une fois. Peut-être, mais cela permet d'agoniser beaucoup de fois.

• Ceux qui ont voulu changer le monde en sont morts et ceux pour qui rien n'a changé sont morts également.

• Quand on s'en va des poumons, on devient poitrinaire ; quand on s'en va de la cervelle, on devient doctrinaire.

• Le vrai paresseux serait peut-être celui qui aurait besoin d'un autre pour dormir à sa place.

• La vie est assez facile à définir dans son ensemble : une interminable addition de soustractions.

• J'aimerais bien voir un homme sans avenir qui aurait décidé de vivre à reculons pour au moins se faire un passé.

ROLAND TOPOR
1938-1997

Cet athlète complet de l'humour nous a divertis par ses mots, ses dessins, son théâtre, ses films. Topor fut à la fois le digne émule de Rabelais par sa truculence, et d'Alfred Jarry par son terrible sens de la dérision. Ses propres éclats de rire étaient célèbres.

• Stupéfiant ! Tout le temps que j'avais devant moi, il est derrière.

• Il entreprend l'ascension de l'Annapurna, encombré d'un escabeau, avec l'intention bien arrêtée de dépasser le sommet.

• La réalité n'a pas besoin de prouver qu'elle existe. Quand on l'oublie, elle se contente de faire mal.

• De minuscules fantômes hantent, la nuit venue, les châteaux de sable construits par les enfants pendant la journée sur les plages de Normandie.

• Il travaille d'après modèle, mais il se fait bander les yeux pour ne pas être influencé. Il se contente de toucher.

• On reconnaît les histoires vraies à ce qu'elles n'ont pas de chute.

• Ce n'est pas ma barbe qui a poussé, ce sont les rides qui dépassent.

• Le treizième travail d'Hercule : trouver un emploi.

• J'ai usé ma vie par le bout du milieu.

• On a souvent de plus petits besoins que soi.

• Un jeune lézard vient d'épouser une vieille lézarde. Pour son appartement.

• Par bonheur, il était assuré contre le ridicule. Il a touché un paquet !

• C'est un bûcheron qui a réussi, à présent il abat des colonnes de marbre.

• Il est tombé amoureux d'une vache dont il a vu le portrait sur un couvercle de camembert.

• Pour devenir populaire, une idée doit s'incarner dans un héros, prendre un visage et même un corps humain.

Bref, elle doit cesser d'être une idée.

TOMI UNGERER

Né en 1931

Écrivain, conteur, dessinateur, artiste, Tomi Ungerer a tous les talents, y compris celui de noter, sur de petits carnets noirs, au jour le jour, ce qu'il pense du monde, de la société et de ses contemporains. On verra que ce n'est pas triste !

• En Alsace, nous servons à nos occupants des plats de résistance.

• Après avoir été terre d'invasion, l'Alsace est devenue pour les Allemands terre d'évasion. Leurs touristes sont partout. Très rares, en revanche, sont les Français qui viennent y passer leurs vacances.

• Je n'ai pas de langue maternelle. J'ai simplement plusieurs langues fraternelles.

• Les secondes sont jalouses des minutes. Les semaines envieuses des années et les siècles regrettent les instants.

• Dès que l'on met les pieds dans les plats de l'Histoire, on glisse dans l'absurde.

• Le sommeil est une tentative d'évasion, la mort une évasion réussie.

• La lune de miel se termine parfois en lune de fiel.

• Si j'étais une étoile, je ferais tout pour être filante.

• Il faut battre le pavé avant de le jeter à la mare.

• J'ai de la fuite dans les idées.

• Il m'arrive d'avoir des visions – puis je remets mes lunettes.

• Le Parlement : on y parle, on y ment !

• Il fait bon s'allonger à l'ombre d'un doute.

• On peut être prophète en son pays, jamais dans sa famille.

• À voir la vie en rose on oublie les autres couleurs.

• Mes sorties sont toutes de secours.

• Nous avons connu le siècle des Lumières, nous vivons le siècle de l'éclairage.

• On meurt ou trop tôt ou trop tard. Vu mon état de santé, je me demande si je n'ai pas déjà loupé le train.

• Il faut battre l'enfer tant qu'il est chaud.

• Île au chômage cherche océan.

• Il faudrait inventer une clef pour remonter le moral.

• L'enfer est le paradis du diable.

• Avec plusieurs cordes à mon arc, j'en aurai toujours une pour me pendre.

• Le cornichon a plus d'esprit et d'humour que le concombre.

• La vie : un suicide au ralenti.

• Nos téléphones sont portables, nos regrets insupportables.

• Le coup de foudre est toujours suivi du tonnerre et de l'averse.

• J'ai toujours craint de ne pas être à la hauteur. Sans doute par peur du vertige.

OSCAR WILDE

1856-1900

On ne présente plus le maître incontesté du trait cinglant, de la maxime assassine, de la formule meurtrière. Aristocrate de l'esprit et maître du paradoxe, il a trouvé le secret de la jeunesse éternelle dans la lutte contre les idées reçues, les convenances ridicules et l'universelle bêtise.

• Je déteste les gens qui parlent d'eux quand j'ai envie de parler de moi.

• La seule façon de se débarrasser d'une tentation, c'est d'y succomber.

• Il ne faut jamais dire ce que l'on pense vraiment. On court le risque d'être compris.

• Dans une bonne démocratie, tout homme devrait être aristocrate.

• La sympathie que l'on manifeste aux invalides est morbide, la maladie de quelque nature qu'elle soit ne devrait jamais être encouragée.

• Il n'y a qu'une chose au monde qui soit pire que d'être l'objet de toutes les conversations, c'est de n'être l'objet d'aucune.

• L'expérience est le nom que nous donnons à nos erreurs.

• Si un homme a le malheur de ne plus avoir un seul ennemi, c'est sûrement qu'il y a chez lui quelque chose de méprisable.

• Un livre n'est jamais « à jeter au feu ». Ce serait empiéter sur le privilège des journaux.

• Les femmes nous inspirent le désir de réaliser des chefs-d'œuvre et nous empêchent toujours de les mener à bien.

• Par principe, je suis toujours en retard. La ponctualité est une voleuse de temps.

• Les seules personnes qui songent plus à l'argent que les riches, ce sont les pauvres.

• Chaque fois que l'on fait sensation, on se fait un ennemi. Pour être populaire, soyez médiocre.

• Il ne faut jamais avoir confiance en une femme qui vous dit son âge véritable. Une femme capable de vous dire cela est capable de vous dire n'importe quoi.

• L'Angleterre est tellement peuplée qu'il n'y a pas assez de beau temps pour tous ses habitants.

• Le meurtre est une faute de goût. On ne devrait jamais rien faire dont on ne puisse parler après dîner.

WOLINSKI

1934-2015

Dessinateur et moraliste, Wolinski est l'un des plus féroces de nos humoristes contemporains. Il est tout à la fois nationaliste, xénophobe, raciste, sexiste, macho, gauchiste, bête, con et méchant. Cela constitue un record, même au second ou au troisième degré !

• Le premier homme qui est mort a dû être drôlement surpris.

• Si on payait moins cher les gens, ils auraient moins d'argent, les commerçants vendraient moins. Ils seraient obligés de baisser leurs prix et l'inflation serait jugulée.

• On se bat pour ses idées. On ne se bat pas pour ses obsessions. C'est une idée qui m'obsède.

• On n'est pas forcément le père de quelqu'un mais on n'est jamais le fils de personne.

• Tout homme devrait avoir droit de vie ou de mort sur sa femme ; toutefois il devrait lui être interdit de la faire souffrir. On n'est pas des bêtes.

• Je ne serais plus moi-même si j'étais resté le même.

• Un homme qui ne marche pas ne laisse pas de traces.

• J'ai peur du passé, du présent, du futur, du passé simple, et du plus-que-parfait du subjonctif.

• J'aimerais être une femme et aimer un homme comme moi.

• Il y a deux sortes de femmes : celles qui sont trop bien pour moi et celles pour qui je suis trop bien.

• Dans chaque Français, il y a deux Français : celui qui ne veut pas d'histoires et celui qui a de grandes idées.

• Quand on ne sait rien faire, il faut avoir de l'ambition.

• Je n'ai jamais eu confiance dans les gens qui veulent qu'on leur fasse confiance.

• Un pauvre supporte mieux la misère s'il n'est pas obligé de vivre au milieu des pauvres.

JEAN YANNE

1933-2003

« Humoriste-orchestre », comme il se définit lui-même, Jean Yanne, quel que soit l'instrument utilisé, nous offre à chaque fois des mélodies exceptionnelles. Homme de scène, de cinéma, de radio et de livre, Jean Yanne est sûrement l'un des plus virulents de nos moralistes.

• Quand j'entends le mot culture, je sors mon transistor.

• J'attrape des ennemis comme un chien attrape des poux.

• L'oubli, c'est ce qu'il reste quand on a tout cultivé.

• Mon avis sur les choses n'a strictement aucun intérêt, d'abord parce qu'il est toujours faux.

• Le monde est peuplé d'imbéciles qui se battent contre des demeurés pour sauvegarder une société absurde.

• L'idéal, ce serait de pouvoir déduire ses impôts de ses impôts.

• Les hommes naissent libres et égaux en droit. Après ils se démerdent.

• Dieu a enlevé une côte à Adam pour créer Ève et Ève a fait manger de la pomme à Adam, c'est fou ça, on ne donne pas à manger à quelqu'un qui vient d'être opéré !

• Si Jésus était mort empalé plutôt que crucifié, il n'y aurait plus que les paratonnerres sur les églises.

• Un canard de Barbarie, c'est un canard qui fait de la musique quand on lui tord le cou.

• La girafe n'a pas d'articulation du genou... Mais comment elle prie ?

• Le paon est réputé pour sa flûte.

• Il paraît qu'une plante sur laquelle on fait une bouture voit sa température s'élever. Je me demande où ils mettent le thermomètre.

• Le beurre demi-sel ? C'est celui qu'on trouve dans les livres de messe, non ?

• Qui ovule un œuf ovule un bœuf.

LES RÉPLIQUES
LES PLUS DRÔLES

CHOISIES ET PRÉSENTÉES PAR
JEAN ORIZET

– Puis-je vous poser une question ?
– Dans l'état où je suis, vous feriez mieux de me poser des ventouses !

FRANCIS BLANCHE

•

– Votre position sur l'avortement ?
– Je pense qu'il faut laisser le choix à l'enfant.

LAURENT RUQUIER

•

– Peut-on rire de tout ?
– On peut surtout rire de rien depuis que les rires sont enregistrés.

JEAN YANNE

•

Une femme : Demain, j'appellerai un dentiste.
Groucho : Appelez-en trois, qu'on fasse un bridge.

LES MARX BROTHERS

•

Bernard Blier et sa femme avaient reçu pendant plusieurs jours quelqu'un qui se montra d'une indélicatesse caractérisée, notamment en critiquant une partie des lieux :

– Votre maison n'est pas trop mal mais, en revanche, la pelouse me semble bien nue !

– Nous venons de planter les premiers arbres. Mais vous verrez comme ils seront grands la prochaine fois qu'on vous invitera !

•

– Que pensez-vous des chanteurs français ?

– J'en ai marre des chanteurs. Qu'est-ce que vous avez tous à chanter dans le poste ? Pourquoi ne faites-vous pas de la peinture ? Même si vous n'êtes pas plus doué pour mélanger les couleurs que pour faire bouillir les bons sentiments, au moins, la peinture, ça ne fait pas de bruit.

PIERRE DESPROGES

•

– Regarde le type, là-bas, on dirait Victor Hugo.
– T'es fou, il est mort !
– Non, il a bougé !

COLUCHE

•

– Quel est votre peintre préféré ?
– Raymond Tombelli, entreprise de peinture et ravalement.

DANIEL PRÉVOST

•

– Comment étaient vos grands-parents ?
– Sourds. Mais ils s'entendaient très bien.

MICHEL GALABRU

•

– Jésus était juif...
– Ah bon, alors pourquoi avait-il un prénom espagnol ?

BILL MAHER

•

– Comment aimeriez-vous mourir ?
– Dans le calme et la dignité, comme mon père, et surtout pas en criant et en hurlant comme ses passagers.

PAT O'BRIEN

•

– On ne va pas loin de nos jours avec un milliard de francs...
– Surtout si on est convoyeur de fonds.

FRÉDÉRIC DARD

•

– C'est quoi la célébrité ?

– C'est travailler dur pour être connu puis porter des lunettes noires pour ne pas être reconnu.

FRED ALLEN

•

Antoine Blondin arrive au restaurant, commande, comme hors-d'œuvre, un avocat.

– Ensuite ? demande le garçon.

– Je ne répondrai à votre question qu'en présence de mon avocat !

•

Une dame demanda avec empressement à Picasso :

– Maître, j'aimerais tant que vous me peigniez...

– Volontiers... prêtez-moi un peigne !

•

Mistinguett à une jeune actrice :

– Avez-vous eu l'impression que la Terre tourne ?

– Non.

– Alors, vous n'avez jamais été embrassée comme il faut.

•

Un jeune poète soutenait que ses poésies seraient lues lorsque Victor Hugo serait oublié.

– C'est possible, lui dit-on, mais pas avant.

•

Une comédienne divorcée rencontre dans une réception son ancien mari, qui a épousé une cuisinière. L'une des invitées dit à la comédienne :

– Sa nouvelle femme a l'air de lui mitonner une belle petite vie !

– Elle a l'art d'accommoder les restes.

•

À un acteur de premier plan qui avait divorcé depuis pas mal de temps d'une actrice aussi réputée que lui-même, on demandait s'il payait toujours une pension alimentaire à son ex-épouse :

– Que oui ! De plus, c'est une pension très importante. Je me demande parfois si je ne devrais pas la réépouser pour mon argent.

•

Un homme se vantait auprès de Marcel Aymé en ces termes :

– Moi, je me suis fait tout seul !

– Ah ! vous déchargez Dieu d'une bien grave responsabilité.

•

Un auteur médiocre faisait part de ses souhaits à un grand critique :

– Je voudrais travailler à un ouvrage auquel personne n'eût travaillé et ne travaillât jamais.

– Eh bien ! Travaillez à votre éloge !

•

– Depuis que vous êtes connu, qu'est-ce qui a changé pour vous ?
– À mes débuts, je me serrais la ceinture. Maintenant, c'est la ceinture qui me serre.

SMAÏN

•

– Comment voyez-vous aujourd'hui vos anciens films ?
– Sans lunettes.

CLAUDE CHABROL

•

– Comment faites-vous pour rentrer dans les personnages que vous devez interpréter ?
– Mais je ne rentre dans rien du tout. Je me lève le matin, je prends ma douche, je mets du déodorant, de l'eau de Cologne sous les bras, je prends du linge propre si je tourne plus d'une journée et je vais sur le plateau.

JEAN YANNE

•

– Votre oiseau préféré ?
– L'hélicoptère.

SERGE GAINSBOURG

•

Arpentant avec Marcel Pagnol les rues chaudes de Marseille, un habitant de la deuxième ville de France lui dit :

– Tu vois, cette prostituée, je l'ai toujours vue là, à cet endroit. Je crois même que c'est elle qui a inventé la vérole.

– Qu'est-ce qu'elle a dû toucher comme droits d'auteur !

•

– L'amour, c'est la paix, le calme et la tranquillité.

– Ce n'est pas l'amour ça, c'est le sommeil.

DIALOGUES DU FILM
HALF SHOT AT SUNRISE

•

– Pourquoi pensez-vous que les femmes préfèrent être belles plutôt qu'intelligentes ?

– Parce que, chez les hommes, il y a beaucoup plus d'idiots que d'aveugles !

YVONNE PRINTEMPS

•

Thierry Ardisson : Josiane Balasko, quel défaut doit avoir un homme pour vous séduire ?

Laurent Baffie : À part le priapisme qui, rappelons-le, est une maladie, pas un défaut.

•

– Vous avez déjà fait l'amour dans l'ascenseur ?

– C'est le lieu le plus sûr du monde pourvu que le poids ajouté des deux personnes n'excède pas 700 kilos.

WOODY ALLEN

•

– Quelle est la première chose que vous regardez chez un homme ?

– Sa femme.

CATHERINE LARA

•

– Comment mange-t-on chez la marquise Du Deffand ? demandait-on à M. de Montrond.

– Ma foi, si le potage était aussi chaud que le vin blanc, le vin aussi vieux que l'oie et l'oie aussi grasse que la marquise, ça ne serait pas si mal.

•

– Vous êtes toujours en noir ?

– Seulement lorsque je m'habille.

PATRICK TIMSIT

•

– Nous ne sommes pas des voleurs.

– Alors c'est quoi que vous faites ?

– De la mendicité à main armée.

DIALOGUES DU FILM
BONS BAISERS À LUNDI

•

– Quelle est votre religion ?

– Je fais des dons à toutes les religions. Je détesterais aller en enfer par simple négligence.

JERRY FARINOTTI

•

– Comment voyez-vous l'avenir ?

– L'avenir d'un homme, c'est : pauvre ou riche. L'avenir d'une femme, c'est : pauvre et ridée ou riche et liftée.

FRANÇOIS CAVANNA

•

– Comment réalise-t-on qu'on a vieilli ?

– Quand on peut vivre sans sexe mais plus sans lunettes.

JEFF FOXWORTHY

•

– Vous voulez un whisky ?

– Oh, juste un doigt.

– Vous ne voulez pas un whisky d'abord ?

DIALOGUES DU FILM
LA CITÉ DE LA PEUR

•

– Que pensez-vous des critiques de rock ?
– Ce sont des individus ne sachant pas écrire qui interviewent des individus qui ne savent pas parler pour des individus qui ne savent pas lire.

FRANK ZAPPA

•

– Vous savez que Chirac est un fou des arts premiers ?
– Oui, y a qu'à regarder Bernadette…

JEAN YANNE

•

À la fin d'un dîner mondain, la maîtresse de maison demande avec insistance à l'un de ses invités, Maurice Ravel, de se mettre au piano. À bout d'arguments, celui-ci s'exécute. Il interprète une de ses œuvres célèbres, s'interrompt quelques minutes avant la fin et laisse tomber, en quittant le piano :
– Je n'ai pas aimé le dessert !

•

Un homme : Où ai-je déjà vu votre visage, auparavant ?
Groucho : Sur mes épaules.

LES MARX BROTHERS

•

– Je jouerai au Loto quand ça sera plus truqué.
– Et tu le sauras comment ?
– Quand je gagnerai !

BRÈVES DE COMPTOIR

•

Cette femme venait d'éternuer pour au moins la trois centième fois. Elle me dit :
– Il doit y avoir quelque chose dans l'air.
– Oui, vos germes.

LINDA HERSKOVIC

•

Après avoir reçu un invité, Sacha Guitry, serviable, lui tend une boîte de cigares ouverte. Sans gêne, l'individu en pioche plusieurs qu'il enfourne dans sa poche en expliquant :
– C'est pour la route.
Impassible, Guitry le raccompagne hors de son bureau, lui serre la main et conclut :
– Merci d'être venu de si loin.

•

– Tu vois, je me disais là, en te regardant beurrer mécaniquement tes tartines, de Gaulle avait raison, la vieillesse est un naufrage. Qu'est-ce que t'en penses ?
– Je ne sais pas, je fais pas de politique !

DIALOGUES DU FILM *HS*

•

– Qu'est-ce que l'enfer pour vous ?
– L'enfer pour moi, c'est un mois de carottes râpées et d'eau minérale devant un film de Schwarzenegger.

CLAUDE CHABROL

•

Quelquefois on me dit : « Monsieur, est-ce que les histoires que vous racontez ne vous empêchent pas de dormir ? » Je réponds : « Si, mais comme ce sont des histoires à dormir debout, je récupère ! »

RAYMOND DEVOS

•

– Comment définiriez-vous la popularité ?
– La popularité, c'est d'éternuer à l'écran et de recevoir le lendemain des centaines de cartes postales avec écrit : « À vos souhaits. »

LÉON ZITRONE

•

– Daniel, l'instant où l'étant contracte son être, c'est l'hypostase selon Levinas, ou autre chose ?
– Pas du tout : je fais vraiment la différence entre l'andouille et l'andouillette !

DANIEL PRÉVOST

•

Robert Mitchum avoua à un journaliste :
– C'est vrai que je bois. Mais mon jeu, lui, est sobre.

•

– Si tu devais partir sur une île déserte, qu'emmènerais-tu ?
– Un arbre et un parasol.

PATRICK TIMSIT

•

Une célèbre réplique lancée à l'Assemblée nationale par un député qu'un de ses collègues traitait d'« imbécile » :
– Dans ce cas, vous pouvez voter pour moi. Je suis qualifié pour vous représenter !

•

Un dialogue entre Galtier-Boissière et Yves Mirande où ce dernier évoquait une de ses règles de conduite :
– Moi, les femmes d'amis, c'est sacré ! Je n'ai jamais couché avec la femme d'un ami !
– Alors, entre nous, tu n'as pas dû avoir beaucoup de femmes ?
– Non, j'ai eu très peu d'amis.

•

Un écrivain disait à Verdi :
– Ce n'est qu'après ma mort qu'on découvrira l'homme que j'étais !
– Tant mieux, tant mieux pour vous, à ce moment-là, vous ne risquerez plus rien.

•

– 80 % des hommes mariés trompent leur femme aux États-Unis.
– Les autres la trompent en Europe.

JACKIE MASON

•

Une dame demandait un jour à Talleyrand qui boitait :
– Comment allez-vous ?
Il lui a répondu, à elle qui louchait :
– Comme vous voyez, Madame !

•

1947, invité par un magazine américain à faire un reportage sur les États-Unis, Marcel Aymé débarque pour la première fois à Manhattan. Quelques jours plus tard, il répond aux questions d'un journaliste :
– Qu'est-ce qui vous étonne le plus à New York ?
– C'est de m'y voir.

•

– Lors d'une scène de ménage, 31 % des femmes brandissent la menace de retourner chez leur mère.

– Mais… C'est pas du tout une menace, ça. C'est un soulagement !

JEAN YANNE

•

Le jour de la première d'une pièce – d'un de ses confrères –, Georges Feydeau, discrètement, filait avant la fin.

Un contrôleur le vit :

– Monsieur Feydeau, il y a encore un acte…

– C'est pour ça que je m'en vais, lui répondit Feydeau.

•

Marcel Proust n'oubliait jamais de donner des pourboires. Il demanda un jour au concierge du Ritz :

– Auriez-vous cinquante francs à me prêter ?

– Naturellement, monsieur.

– Eh bien, gardez-les. C'était pour vous.

•

– Salut, tu fais quoi comme métier ?

– Je suis mécanicien à Air France…

– Ah bon, tu voles alors ?

– Non.

– Allez, avoue, tu voles bien un petit bidon de temps en temps !

COLUCHE

•

– Comment trouves-tu mes fesses ?
– Très facilement.

FRÉDÉRIC DARD

•

Libéré par le Régent qui l'avait fait embastiller auparavant, Voltaire reçoit de son tourmenteur et bienfaiteur des conseils mêlés de réprimandes :
– Soyez sage et j'aurai soin de vous.
– Je vous suis infiniment obligé, mais je supplie Votre Altesse de ne plus se charger de mon logement ni de ma nourriture.

•

– Je te défends de te mêler de mes affaires de famille.
– Tu sais, je n'ai pas voulu…
– Moi, par exemple, je ne te demande pas si c'est vrai que ta femme te trompe avec le président des Penseurs-Jurés, n'est-ce pas ? Est-ce que je te le demande ?
– Tu ne me le demandes pas, mais tu me l'apprends ! Ô coquin de sort !

DIALOGUES DU FILM *FANNY*

•

– Vous connaissez John Babitt, l'Américain dont la femme a tranché le sexe avec des ciseaux ?
– J'aurais préféré avec un sécateur, pour ma part.
– Pourquoi cela ?
– Parce qu'avec des ciseaux, c'est long, faut faire le tour !

JEAN YANNE

•

George Bernard Shaw, chaque année, remplissait consciencieusement sa déclaration de revenus, à un bémol près : À la question « Partagez-vous vos revenus et, si oui, avec qui ? » le dramaturge n'oubliait jamais de porter la mention : « Oui. Avec mon percepteur. »

•

Picasso, en pleine gloire, mangeait dans les plus grands restaurants et traçait souvent, à même la nappe, des croquis et dessins divers. Un jour que le restaurateur du lieu où il terminait son repas, loin de s'offusquer, lui proposa d'oublier la note si l'artiste consentait à lui abandonner son œuvre, Picasso accepta de bonne grâce. Quelques minutes plus tard, l'hôte revint voir son célébrissime client pour une requête :
– Maître, pourriez-vous signer votre dessin ?
Alors, Picasso, secouant la tête :
– Non. Je paye la note mais je n'achète pas le restaurant.

•

– Il y a eu un accident terrible ! Il y avait trois mecs dans une voiture, dont une femme d'ailleurs, et ils ont eu un accident. Il y avait Le Pen et Stirbois dans la bagnole. Résultat de l'accident, ils ont eu tous les deux des lésions importantes au cerveau.

– Ah bon, c'est arrivé là, pendant le week-end ?

– Non, non, c'était il y a vingt ans.

COLUCHE

•

On reprochait à Satie de ne rien faire pour être à la mode :

– Vous ne faites rien pour être à la page !

– Bah ! une page est si vite tournée !

•

– Qu'est-ce que vous aimeriez inventer ?

– Une clef pour remonter le moral.

TOMI UNGERER

•

– Et le sexe ?

– Le sexe, j'y connais rien : je suis un homme marié.

JACQUES DUTRONC

•

– L'argent fait-il le bonheur ?

– Non. L'argent ne rend pas heureux. Aujourd'hui, j'ai cinquante millions de dollars et je ne suis pas plus heureux que quand j'en avais quarante-huit.

ARNOLD SCHWARZENEGGER

•

– Vous lisez l'horoscope ?

– J'ai des amis qui ne manquent pas, avant de prendre l'avion, de consulter leur horoscope… Moi, ce qui m'intéresse vraiment, c'est celui du pilote !

JEAN AMADOU

•

La courtisane Liane de Pougy avait un jour reçu un coup de pistolet aux fesses. La pauvre était allée consulter un médecin :

– Docteur, est-ce que cela se verra ?

Et le praticien de répondre :

– Madame, cela dépend entièrement de vous.

•

Thierry Ardisson : Est-ce que vous croyez, Amanda Lear, qu'il y a quelque chose après la mort ?

Amanda Lear : Oui, bien sûr. Tout à fait.

Laurent Baffie : La décomposition.

•

Arletty, à la Libération, s'était vu reprocher devant un tribunal d'avoir eu un faible pour un amant allemand. Superbe réponse de l'amoureuse :

– Vous savez, monsieur le juge, je ne suis pas très résistante…

•

– Que désirez-vous manger ?

– Betteraves et carottes râpées.

– C'est un restaurant ici, pas un pré.

DIALOGUES DU FILM *NINOTCHKA*

•

Pour chaque fusillade mortelle, il y a à peu près trois fusillades non mortelles. Et ça, c'est inacceptable aux États-Unis. C'est simplement inacceptable. Nous ferons tout pour y remédier.

GEORGE BUSH JR

•

– Quel est l'endroit où vous seriez incapable de faire l'amour ?

– Un abattoir.

CLAUDE CHABROL

•

– Quelles sont vos scènes préférées au cinéma ?
– Celles où j'ouvre la porte et où je quitte l'écran.

JACQUES DUTRONC

•

– Qui c'est celui-là ?
– C'est le père de la petite. Un con fini à ce qu'il paraît.
– La connerie, ça finit jamais.

DIALOGUES DU FILM
MEILLEUR ESPOIR FÉMININ

•

– Qu'est-ce qui vous motive dans l'existence ?
– Chaque matin, en me levant, je consulte la liste des 50 personnes les plus riches du monde. Et si mon nom n'y figure pas, je vais travailler.

ROBERT ORBEN

•

– Serre-moi plus fort, encore plus fort…
– Si je te serre encore plus fort, je vais me retrouver dans ton dos !

DIALOGUES DU FILM
UN JOUR AUX COURSES

•

Frank Sinatra : Et si on s'était marié, comment on aurait fait ? Je n'avais rien. Comment on aurait vécu ?

Jane Russell : Je suis sûre que quelque chose nous serait arrivé.

Frank Sinatra : Ouais. Et il aurait aussi fallu nourrir ce quelque chose.

•

– La France est troisième exportateur d'armes dans le monde.

– C'est bien, comme ça, ça nous débarrasse.

BRÈVES DE COMPTOIR

•

Chico : Je voudrais dire adieu à votre femme.

Groucho : Vous n'êtes pas le seul.

LES MARX BROTHERS

•

À quelqu'un qui apprenait à Serge Gainsbourg que Régine allait remonter sur scène :

– Remonter comment ? Avec une grue ?

•

Churchill participe à un dîner très ennuyeux chez sa fille Sarah. Il ne dit pas un mot de la soirée. Le mari de sa fille, Christopher Soames, fait pourtant tout ce qu'il peut pour essayer de faire passer le malaise auprès des invités. Au bout d'un moment, il finit par adresser la parole à Churchill, malgré l'air renfrogné de celui-ci.

– Cher beau-père, de toutes les personnalités que vous avez côtoyées durant la guerre, quelle est celle qui vous a le plus impressionné ?

Churchill ouvre enfin la bouche et laisse tomber :

– Mussolini.

– Mussolini ! C'est plutôt surprenant. Pourquoi Mussolini ?

– Parce qu'il a fait fusiller son gendre.

•

De plus en plus, nos importations viennent de l'étranger.

GEORGE BUSH JR

•

– Votre père est mort.

– Ce n'est pas vrai…

– Si… enfin, je l'espère en tout cas… parce qu'on l'a incinéré.

DIALOGUES DU FILM *WAY OUT WEST*

•

– Vous dites que vous perdez vingt ans à chaque fois que vous montez sur scène…

– Oui. Et, comme là, je pars jouer trois fois en province, j'aurais soixante ans de moins lorsque je reviendrai à Paris. Notez que j'évite de jouer plus de quatre fois consécutivement. Ça ne serait pas raisonnable.

RAYMOND DEVOS

•

– Vous écrivez beaucoup de lettres d'amour ?
– Oui. Je les laisse sur le frigo.
– Et elles disent quoi ?
– Des trucs du style : « J'ai pas eu le temps de prendre du lait. »

JEAN YANNE

•

– Sqwack Mulligan m'a dit que vous aviez enterré votre femme l'an dernier.
– Oui. J'ai été obligé. Elle était morte.

DIALOGUES DU FILM
MY LITTLE SCHIKADOO

•

– *Do you speak french ?*
– Oui, monsieur !
– Ah, je aussi !

DIALOGUES DU FILM
LE ROI DE CŒUR

•

– Vous donnez de l'argent à l'Église catholique ?
– Je fais des dons à toutes les religions. Je détesterais gâcher mon au-delà pour un détail technique.

BOB HOPE

•

Un écrivain de troisième ordre présentait un jour sa nouvelle œuvre à Alfred Capus :

– Cher ami, voici mon dernier livre.

– Le dernier ? Parfait ! Parfait !

•

Un homme très laid se vantait, devant Augustine Brohan, de ses bonnes relations avec les personnes du genre féminin :

– Moi, les femmes m'ont toujours réussi !

– Excepté madame votre mère.

•

Une jeune débutante déclamait avec quelque exagération son texte devant Louis Jouvet.

– Ah !… où suis-je ? se pâma-t-elle.

– Au Conservatoire, et pas pour longtemps ! trancha-t-il.

•

Dans une société brillante, quelqu'un fit observer à Voltaire :

– Ah ! monsieur, que vous devez être content de vos ouvrages !

– Je suis, répondit-il, comme le mari d'une coquette, dont tout le monde jouit, excepté lui.

•

– Qui est le patron, toi ou maman ?
– Qui est le patron ? Tu le demandes ? Je suis le patron. Maman ne fait que prendre les décisions.

DIALOGUES DU FILM
MAUDITE APHRODITE

•

– Que pensez-vous de la mort ?
– La mort est une libération. Surtout pour la famille.

OLIVIER DE KERSAUSON

•

L'écrivain Charles-Henry Hirsch pressait son ami Courteline de se présenter sous la Coupole :
– Examinez l'un après l'autre ces messieurs, ils vous sont tous inférieurs.
À quoi Courteline objecta :
– Mais alors, pourquoi voulez-vous que j'aille m'asseoir avec eux ?

•

– Une vie c'est soixante-dix, quatre-vingts arbres de Noël…
– Remarquez, quelquefois, il suffit d'un platane !

MICHEL GALABRU

•

Quand Josiane Balasko se donna un rôle de camionneuse homosexuelle dans son film *Gazon maudit*, un journaliste lui dit :

– Vous allez faire jaser sur vos mœurs à la ville.

À quoi elle répliqua :

– Si je jouais Bernadette Soubirous, on me soupçonnerait pas d'entendre des voix.

•

– Votre rapport au temps ?

– Il existe des gens pour qui le temps va vite, très vite, plus vite, que pour les autres. Quelquefois, il progresse d'une manière extraordinaire. Tenez, moi, j'ai connu un garçon. À deux ans, il avait l'âge de raison. À trois ans, il avait terminé ses études. À quatre ans, il épousait sa nourrice. À sept ans, il avait des enfants. À dix ans, il a divorcé d'avec sa nourrice. Et à onze ans, il est retombé en enfance.

RAYMOND DEVOS

•

Un admirateur rencontre Alexandre Dumas, à soixante ans passés, et se répand en éloges :

– Vous, cher maître ? Ah ! Quel bonheur de vous voir ! Eh ! vous avez une mine superbe ! Vrai, vous rajeunissez !

– J'y ai mis le temps !

Monsieur Météo : On attend beaucoup de rafales de vent…

Coluche : Et derrière ?

•

Deux dames demandaient à Capus :
– Mon cher maître, nous venons de faire un pari… Quel âge avez-vous ?
– Cela dépend de vos intentions, mesdames !

•

– Vous pensez au suicide, parfois ?
– Oui. Par peur de la mort.

MICHEL BLANC

•

Deux chirurgiens venaient de se battre en duel.
– Ils voulaient absolument s'entre-tuer ! disait-on à Tristan Bernard.
– Ces médecins ! lança ce dernier, voilà que nous ne leur suffisons plus !

•

– Vous êtes pour l'égalité des sexes ?
– Oui. Et je prendrai moi-même les mesures.

THIERRY LE LURON

•

– La religion est toujours l'opium du peuple ?
– C'est plutôt en train de devenir le cyanure des peuples.

DIEUDONNÉ

•

– Voulez-vous accomplir l'acte sexuel avec moi ?
– L'acte sexuel ? Je ne sais pas si je tiendrai l'acte en entier, mais je veux bien essayer les premières scènes si ça vous dit.

DIALOGUES DU FILM
WOODY ET LES ROBOTS

•

Courteline, alors qu'il travaillait au ministère des Cultes, partageait son bureau avec un fonctionnaire peu soigneux de sa personne. Un jour, mû par la curiosité et l'exaspération, il lui demanda :
– Mais comment faites-vous, cher ami, pour changer ainsi de linge sale tous les jours ?

•

Jacques Séguéla est-il un con ? De deux choses l'une : Ou bien Jacques Séguéla est un con, et ça m'étonnerait tout de même un peu ; ou bien Jacques Séguéla n'est pas un con, et ça m'étonnerait tout de même beaucoup.

PIERRE DESPROGES

•

– Tu sais où elle habite ?
– Je sais où est la mienne.

COLUCHE

•

– Vous aimez l'opéra, Jean ?

– L'immeuble, oui. Pas le spectacle. Franchement, des types qui se retrouvent devant des nanas de 150 kilos en leur chantant « Je te protégerai, mon fin roseau, mon petit être fragile ! », je n'arrive pas à y croire. En cas de danger, ils n'arriveraient même pas à le faire décoller, leur « petit être fragile » ! Il leur faudrait une benne !

JEAN YANNE

•

– Tu aimes les femmes qui ont la tête sur les épaules…

– Oui. Je hais les cous.

STEVE MARTIN

•

– Moi, je prétends que le mariage, c'est ce qui différencie l'homme de la bête.

– Vous devez confondre avec le rire. C'est pourtant pas la même chose.

DIALOGUES DU FILM
LA CHASSE À L'HOMME

•

– Un fanatique, c'est donc un homme qui ne peut changer d'opinion…

– Ni de sujet !

CLAUDE CHABROL

•

– Qu'est-ce qui t'aurait vraiment fait plaisir, pour tes soixante ans ?
– Des bougies. Trente.

GUY BEDOS

•

Charlotte Lysès disait à Sacha Guitry :
– Je t'aime, Sacha, et toi ?
– Mais, moi aussi, je m'aime ! répondit Guitry.

•

Henri IV, entiché de mademoiselle d'Entragues, lui demanda :
– Par où faut-il que je passe pour aller dans votre chambre ?
– Sire, par l'église.

•

À quatre-vingt-dix ans, Fontenelle courtisait une demoiselle qui lui déclara tout de go :
– Arrêtez... ou je crie !
Fontenelle s'esclaffa :
– Oh oui, criez, cela me fera honneur !

•

– Vous avez déjà joué à New York ?
– Une seule fois. J'y ai fait mes adieux.

RAYMOND DEVOS

•

– Tu veux être enterré en grande pompe ?
– Non, à toute pompe.

SERGE GAINSBOURG

•

Pierre Brasseur débuta au théâtre dans des rôles pas toujours à son avantage. Il joua un jour une pièce très mauvaise qu'il ne put sauver. L'auteur, amer, lui fit cette remarque :
– Comment, vous si drôle, si spirituel dans la vie, pouvez-vous être si terne dans ma pièce ?
– C'est que dans la vie le texte est de moi !

•

– Allez hop, à la diète ! Ça fait une semaine que je bouffe plus que du poisson ! C'est super !
– Et t'as maigri ?
– Pas d'un gramme, mais j'ai beaucoup moins peur de l'eau !

COLUCHE

•

Un jour, j'étais pianiste de bar, un type me donne une pièce de un franc. Moi, avec toute mon arrogance, je me lève et lui dis : « Monsieur, je ne suis pas un juke-box. »

SERGE GAINSBOURG

•

– Est-ce que vous pêchez ?

– Oui. Le saucisson. Enfin, seulement le saucisson de lac. Qui est un saucisson sec, ce qui lui permet de vivre dans l'eau sans trop se mouiller. On attache à l'hameçon une motte de beurre et on appâte au gros rouge.

JEAN YANNE

•

– Vous jouez au golf ?

– Oui. J'ai fait des progrès stupéfiants. Maintenant, j'arrive même à toucher la balle lorsque le club m'échappe !

BOB ETTINGER

•

– L'élection de Miss Amérique, vous en pensez quoi ?

– On est aux États-Unis ! On n'est pas censé juger les gens sur leur physique ; on est censé les juger sur la somme d'argent qu'ils gagnent.

HEIDI JOYCE

•

– Vous êtes végétarien ?

– Oui. Pas parce que j'aime les animaux, parce que je hais les légumes !

A. WHITNEY BROWN

•

Moïshé au restaurant avec sa femme et ses enfants.

Le restaurateur : Bienvenue messieurs-dames, quatre couverts ?

Moïshé : Oui, et mettez les assiettes aussi.

POPECK

•

– Vous savez simuler l'orgasme ?

– Comme toutes les femmes. C'est la plus élémentaire des courtoisies.

JOAN RIVERS

•

– Une lance me transperçait le corps...

– Et ça ne vous faisait pas mal ?

– Seulement quand je riais.

DIALOGUES DU FILM *FANCY PANTS*

•

La secrétaire : Le propriétaire a encore téléphoné. Il veut que vous lui payiez son loyer.

Groucho : Moi, je devrais payer son loyer ? Je n'arrive déjà pas à payer le mien.

LES MARX BROTHERS

•

– La moitié des mariages se terminent par un divorce. Vous ne trouvez pas ça triste ?
– Non, si on considère que l'autre moitié se termine par la mort.

RICHARD JENI

•

– L'alcool est le pire ennemi de l'homme ?
– Oui, mais la Bible dit qu'il faut aimer son ennemi.

FRANK SINATRA

•

Une dame questionna ainsi Alexandre Dumas :
– Cher maître, vous qui savez tout dire et qui pouvez tout dire, y a-t-il une grande différence entre l'amour et l'amitié ?
– Une différence énorme, madame. Du jour à la nuit !

•

Alors que Lana Marconi allait devenir la cinquième épouse de Sacha Guitry, un ami fit des compliments sur les mains de celle-ci :
– Des mains admirables, en vérité !
– Oui, ce sont ces belles mains-là qui me fermeront les yeux… et qui ouvriront mon coffre.

•

– J'ai eu la visite de deux faux policiers hier soir !
– Comment tu as su qu'ils étaient faux ?
– Facile. Ils étaient sympathiques, sobres, attentionnés et agréables.

COLUCHE

•

– Vous aimez les hôtesses de l'air ?
– Tu parles... en général, elles ont deux fois l'âge de l'appareil.

OLIVIER DE KERSAUSON

•

Aurélien Scholl admirait les très belles jambes d'une danseuse. Il la complimenta :
– Bigre ! Quelle ligne !
– C'est avec ça que je nourris papa et maman !
– Dès lors, mademoiselle, vos jambes sont des pattes alimentaires.

•

– T'y vas au cinéma, toi ?
– Quoi foutre ?

BRÈVES DE COMPTOIR

•

– C'est vrai qu'on agrandit le cimetière ?
– Que veux-tu : la vie continue.

FRÉDÉRIC DARD

•

– Que pensez-vous des mesures antitabac ?
– Les gens sont trop durs avec les fumeurs. Il faudrait être plus gentils avec eux, ils sont en train de mourir, quand même !

ROSEANNE BEAR

•

– Parlez-nous un peu de la création…
– L'œuvre de création (et la mienne ne fait pas exception) n'est que souffrance. Il ne faut jamais donner l'impression qu'on est dans l'angoisse du bide. Cela n'a strictement rien à voir, mais je dois préciser que j'adore les haricots avec des crevettes.

DANIEL PRÉVOST

•

À W. C. Fields qui vient de faire une chute :
– Vous êtes blessé ?
– Non. J'ai eu la présence d'esprit de tomber sur la tête.

•

– Il y a des patrons de gauche, je tiens à vous l'apprendre.
– Il y a aussi des poissons volants, mais ils ne constituent pas la majorité du genre.

DIALOGUES DU FILM *LE PRÉSIDENT*

•

– J'ai encore rêvé de toi cette nuit.
– Hé, ho, t'as pas de subconscient, toi ?

BRÈVES DE COMPTOIR

•

– Quelle heure est-il ?
– Pourquoi tu demandes l'heure tout le temps ?
– Ben… parce qu'elle change tout le temps !

FRANCIS BLANCHE

•

Thiers s'adressait à Louis-Philippe :
– Sire, vous êtes fin, mais je suis plus fin que vous.
– La preuve que non, monsieur Thiers, c'est que vous me le dites.

•

L'opportunisme de Gambetta avait toujours agacé Clemenceau qui, à l'annonce de sa mort, déclara :
– Sa mort n'est pas un événement, c'est une nouvelle.

•

– Quelle est votre couleur favorite ?
– Le vert. Sauf pour la viande.

PATRICK TIMSIT

•

Un ministre questionnait de Gaulle :
– Sur cette question, mon général, quel est votre point de vue ?
– Le plus élevé, cher ami ! C'est le moins encombré.

•

– Votre mari va vous faire un tas d'enfants qui accapareront votre vie.
– Oh non ! Je croise les doigts !
– Pas les doigts, chérie, les jambes, ça sera plus efficace !

FRÉDÉRIC DARD

•

– Qu'est-ce qu'un paresseux ? demandait-on à Tristan Bernard.
– C'est un homme qui a le courage de ne pas faire semblant de travailler.

•

On apprenait à Jacques Prévert qu'un producteur de cinéma venait d'acheter une superbe voiture américaine :

– C'est pour venir plus vite nous dire qu'il est ruiné !

•

– J'ai acheté un bijou.

– Pour ta femme ou un plus cher ?

COLUCHE

•

Le comédien Jules Berry avait la passion du jeu. Un de ses amis, Walter Kapps, le vit un soir arriver la mine triste et s'en inquiéta :

– Qu'est-ce qui ne va pas ?

– Je viens de perdre un ami.

– À quel jeu ?

•

– Qu'est-ce que tu fais, ma jolie ?

– Je suppute.

– Y a pas de sot métier.

FRÉDÉRIC DARD

•

Piron se trouvait dans une loge, à l'Opéra, à côté d'une femme qu'il connaissait et dont les mœurs étaient douteuses. Comme il la fixait avec insistance, elle lui dit :

– M'avez-vous de vos yeux assez considérée ?

– Je vous regarde, madame, je ne vous considère pas.

•

Fernandel et Sacha Guitry répétaient une pièce de ce dernier, *Tu m'as sauvé la vie*. Leur amitié s'était accrue au fil des semaines de répétition. Guitry questionnait Fernandel sur sa vie privée :

– Dites-moi, vous êtes marié ?

– Oui, maître, depuis vingt-trois ans.

– Je vous bats, mon cher ! Moi, ça fait quarante-trois. Bien sûr, il m'a fallu quatre femmes pour ça !

•

– C'est quoi le pessimisme pour vous ?

– Le pessimisme, c'est : 2 + 2 = 4. L'optimisme, c'est : 2 + 2 = 5. Cet univers où nous sommes est un univers pessimiste.

FRANÇOIS CAVANNA

•

– Un bide nourrit mal son homme…

– Heureusement, les navets permettent de se rattraper !

MICHEL GALABRU

•

– À quoi servent les filles ?
– À faire d'autres filles.

CLAUDE CHABROL

•

– Pourquoi avez-vous fait mai 1968 ?
– Pour ne pas devenir ce que nous sommes devenus.

GEORGES WOLINSKI

•

Une dame béotienne interrogeait Picasso à propos d'un de ses tableaux :
– Qu'est-ce que cela représente ?
– Cela représente un million.

•

– Je peux te poser une question ?
– Tu viens de le faire.

DIALOGUES DU FILM *CHOOSE ME*

•

– Comment vas-tu mourir ?
– Je serai fusillé d'une balle rouillée et mourrai du tétanos.

SERGE GAINSBOURG

•

On présentait Toulouse-Lautrec à Tristan Bernard. Celui-ci déclara :
– Il est si petit qu'il me donne le vertige.

•

Le compositeur Gluck cassa malencontreusement un carreau de boutique dans une rue de Paris. Le montant du dégât s'élevait à trente sous. Le musicien offrit un écu pour rembourser le marchand qui, étant à court de monnaie, proposa d'aller en chercher.
– Inutile de vous déranger ! Je vais compléter la somme en cassant un autre carreau.
Ainsi fut fait.

•

Le clochard : T'aurais pas une pièce ?
Le comédien : J'ai même un feuilleton…

JOSÉ ARTUR

•

La femme de Manet venait de surprendre son mari qui suivait du regard une jolie femme :
– Non, mais ! Tu n'as pas honte ?
– Ah ! fit-il hypocritement, je croyais que c'était toi !

•

– Il me doit encore quinze francs, soupirait Jules Renard.
– Vous savez qu'il est mort ?
– Oh, dans ce cas, je lui en fais cadeau.

•

On parlait avec Tristan Bernard d'une célèbre étoile de cinéma.

– Je vous assure, elle est encore jeune, dit quelqu'un. Elle ne doit pas avoir plus de la trentaine.

– La trentaine ! vous plaisantez. Elle était avec moi, l'an dernier, en Angleterre, dit un autre ; et elle-même en accusait quarante.

– Oui, fit Tristan. Mais c'était en Angleterre, il faut compter avec le change…

•

On parlait avec Frédéric Dard des journaux et de leur réputation plus ou moins flatteuse. Il fut question du *Monde*. Dard eut ce commentaire :

– *Le Monde* est acheté par l'élite ; plus, malheureusement, par ceux qui font semblant d'appartenir à l'élite, sinon il ferait faillite.

•

– Quel conseil donneriez-vous aux jeunes mariés ?

– Le jour de votre mariage, quand vous passez la bague au doigt de votre épouse, n'oubliez pas de lui prodiguer l'indispensable conseil pratique, le mode d'emploi, la notice : « Tu vois, chérie, pour que cette bague ne perde rien de son éclat et reste brillante, il faut absolument la tremper au moins deux fois par jour dans l'eau de vaisselle. »

JEAN YANNE

•

On demandait à Tristan Bernard s'il aspirait à se présenter à l'Académie :

– Académicien ? Non, le costume coûte trop cher. J'attendrai qu'il en meure un à ma taille.

•

– À Monaco, les gangsters ne braquent pas les banques…

– Elles leur appartiennent !

LAURENT RUQUIER

•

Le fantaisiste Henri Tisot fut sifflé par un policier alors qu'il venait de griller un feu :

– Excusez-moi, monsieur l'agent… Le feu n'était pas vraiment au rouge… Il était à l'orange.

– Oui, oui, à l'orange peut-être, mais il m'a bien semblé que votre orange était plutôt sanguine !

•

– Quels sont vos auteurs favoris ?

– Les livres, je ne regarde que les titres. Pas le nom des auteurs. Les génériques, ça fait chier !

JACQUES DUTRONC

•

Tristan Bernard, d'origine israélite, fut arrêté par la Gestapo et conduit au camp de Drancy.

Sacha Guitry lui rendit visite afin de lui apporter quelque réconfort.

– Quel lainage désirez-vous ? Un passe-montagne, un chandail, un caleçon de laine ?

– Apportez-moi donc un cache-nez.

•

– Y a-t-il une ressemblance entre les critiques gastronomiques et les critiques cinématographiques ?

– Oui. L'incompétence.

CLAUDE CHABROL

•

– Quelle est la supériorité sur laquelle le Coran et la Bible sont d'accord ?

– Celle de l'homme sur la femme.

– Vous partagez cet avis, monsieur Yanne ?

– Non. Je trouve que pour faire la vaisselle la femme est meilleure !

JEAN YANNE

•

Jules Renard demande à une dame des nouvelles de son mari :

– Mon mari ! Il est mort…

– Oh, pardon !

– Mais ce n'est pas de votre faute !

•

– Vous aimez les mots du vin ?

– Le langage des dégustateurs de vin me laisse indifférent. J'ai dit une fois à un connaisseur : « Ce vin a de la mémoire. » Il m'a félicité. De la même façon, j'aurais pu dire : « Il est bien garé. »

JACQUES DUTRONC

•

Thierry Le Luron discutait avec Alice Sapritch des rapports sentimentaux entre hommes et femmes. L'imitateur disait à l'actrice :

– Les femmes ne pourront jamais rien comprendre aux amitiés masculines.

– Mais si ! mais si. Un homme qui vous aimait et qui vous le dit trop tard, c'est cela, pour une femme, l'amitié masculine.

•

– Vous n'avez pas eu une enfance très heureuse…

– Non. Les autres gosses ne m'aimaient pas beaucoup. Je n'avais que deux amis. Et encore, ils étaient imaginaires. Eux non plus ne voulaient jamais que je joue avec eux.

JUDY TENUTA

•

M. Klotz, secrétaire à la synagogue de La Varenne-Saint-Hilaire, vient voir son président, M. Meyer, à l'hôpital :

– Je vous apporte les meilleurs vœux de prompt rétablissement de notre conseil d'administration, votés par douze contre quatre, et deux abstentions.

POPECK

•

– Quelle est la meilleure façon de combattre les délinquants ?

– C'est de ne pas voter pour eux.

DAYTON ALLEN

•

– Vous êtes né par césarienne ?

– Oui. Ça ne se voit pas trop, sauf qu'à chaque fois que je sors d'une maison, je passe par la fenêtre.

STEVEN WRIGHT

•

– Comment définiriez-vous la gentillesse ?
– La vraie gentillesse, c'est sourire aux aveugles.

PATRICK SÉBASTIEN

•

– Vous avez dû en voir de dures, ma pauvre amie !
– J'en ai vu davantage de molles !

FRÉDÉRIC DARD

•

– Que pensez-vous de la télé ?
– Quelle réussite pour un meuble !

PATRICK TIMSIT

•

– C'est quoi un gentleman pour vous ?
– Un gentleman est quelqu'un qui est capable de décrire Sophia Loren sans faire de gestes.

MICHEL AUDIARD

•

Tristan Bernard se promène dans la campagne avec son petit-fils âgé de cinq ans. Ils arrivent près d'un troupeau de moutons. Le petit garçon s'approche d'un des animaux qui se met à bêler.

– Ce n'est pas comme ça qu'on fait « Bee », dit alors l'enfant au mouton.

Et Tristan Bernard à l'enfant :

– Toi, mon garçon, tu seras critique dramatique !

•

– J'aimerais t'entendre hurler de douleur.

– Mets un disque de rap.

DIALOGUES DU FILM
LE DERNIER SAMARITAIN

•

– Horrible : dans ce camp, on ébouillante les condamnés !

– … ! À l'eau chaude !

– Non, à l'eau froide, pour que ça dure plus longtemps !

FRÉDÉRIC DARD

•

Une vieille actrice :

– Elle est laide, on ne lui connaît aucune fortune et elle fait des dépenses considérables. Où prend-elle tant d'argent ?

– Ma foi ! Elle est peut-être entretenue par un aveugle.

AURÉLIEN SCHOLL

•

– Vous est-il arrivé de faire la critique d'un film sans le voir ?
– Mais je ne vois jamais un film avant d'en faire la critique ! J'ai trop peur d'être influencé.

JAMES AGEE

•

– Dis donc, j'ai vu le couvreur, il m'a parlé de toi.
– De moi ?
– Non, de toit !

COLUCHE

•

– Il y a plus de vingt-cinq ans que je n'ai pas joué.
– Mais on devine encore que vous étiez très mauvaise.

JOSÉ ARTUR

•

On priait Satie, après le repas, de se mettre au piano. Il joua un peu et s'arrêta très vite. La maîtresse de maison lui dit avec regret :
– Oh, monsieur Satie, ce fut si court...
– Mais, madame, c'est que j'ai si peu mangé...

•

Il m'a dit, je me rappelle ses mots exactement : « Monsieur Desproges, je suis Georges Brassens, je vous téléphone pour vous dire que j'aime beaucoup ce que vous faites. » Je lui ai répondu que moi aussi, j'aimais beaucoup ce que je faisais, évidemment.

PIERRE DESPROGES

•

– Comment définiriez-vous la diplomatie ?
– C'est l'art de dire « gentil chien ! » tant qu'on n'a pas trouvé un bâton bien dur.

WYNN CATLIN

•

La psychanalyste Françoise Dolto était spécialisée dans les problèmes des enfants. Une maman, inquiète, lui demanda un jour :
– Comment dois-je m'y prendre pour élever mon fils ?
– Ne vous inquiétez pas, madame. De toute façon, ce sera mal.

•

– Que pensez-vous des nouvelles stars ?
– À mon époque, les acteurs rêvaient d'être stars. Aujourd'hui, les stars rêvent d'être acteurs.

LAURENCE OLIVIER

•

– Vos parents ont souvent déménagé quand vous étiez enfant…
– Oui, mais je les ai toujours retrouvés.

RODNEY DANGERFIELD

•

– Qu'est-ce que la misogynie ?
– C'est voir les choses comme elles sont.

SERGE GAINSBOURG

•

– Richard Anthony, je me demande comment il faisait, ce gros bide, pour swinguer autant à l'époque…
– Il était moins gros que ça à l'époque…
– Ah bon, il a pas toujours été gros ?
– Si, mais moins que maintenant…
– Tu vois, il était quand même vachement grassouillet pour un maigre !

COLUCHE

•

– Comment aimerais-tu mourir ?
– Je voudrais mourir dans un bocal de cornichons, entouré de l'affection des miens.

DANIEL PRÉVOST

•

On donnait des nouvelles d'un mauvais écrivain à Jules Renard :
– En ce moment, il a mal au pied.
– Dame ! À force d'écrire…

•

– Votre définition de la tragédie ?
– C'est quand je m'ouvre le pouce.
– Et de la comédie ?
– C'est quand vous glissez sur une peau de banane et que vous tombez raide mort.

MEL BROOKS

•

– Que pensez-vous d'Internet ?
– Avant Internet, il y avait beaucoup de questions qui n'avaient pas leur réponse, aujourd'hui, il y a beaucoup de réponses qui n'ont pas leur question.

PETER USTINOV

•

À un gendarme :
– Vous avez un mandat ?
– Vous vous gourez d'uniforme, je ne suis pas facteur !

DIALOGUES DU FILM
PINOT SIMPLE FLIC

•

– On a volé la carte de crédit de ma femme !
– Tu as porté plainte ?
– Non. Le voleur est moins dépensier qu'elle.

DEAN YOUNG

•

– Vous avez du mal à supporter les critiques ?
– Non. Sauf, évidemment, si elles émanent d'un parent, d'un ami, d'une connaissance ou d'un inconnu.

FRANKLIN P. JONES

•

– Votre mari n'est pas là, madame Eiffel ?
– Non, il est allé faire une tour.

FRÉDÉRIC DARD

•

– Un bon écrivain fait-il forcément un bon critique ?
– Pas plus qu'un alcoolique ne fait forcément un bon barman.

JIM BISHOP

•

– Tu vas voir comment le prix de l'essence y va monter !
– Moi, ça va rien changer, je prends toujours cent francs d'essence.

BRÈVES DE COMPTOIR

•

– Shirley, je me souviens qu'il y a quelques années j'ai épousé une femme belle, jeune, joyeuse et heureuse de vivre. Peux-tu me dire ce qu'il est arrivé à cette femme-là ?
– Tu as divorcé d'elle et tu m'as épousée.

LES MONTY PYTHON

•

– Votre mère est âgée ?

– Très âgée : lorsqu'elle était jeune, la mer Morte était seulement malade.

GEORGE BURNS

•

– C'est une histoire triste ?

– Pire, vécue.

FRÉDÉRIC DARD

•

Groucho : Quel est votre cachet pour jouer ?

Chico : Dix dollars.

Groucho : Et pour ne pas jouer ?

Chico : Douze dollars.

LES MARX BROTHERS

•

– Après manger, j'ai le cafard.

– Tu bouffes trop !

BRÈVES DE COMPTOIR

•

Le petit Samy en train de faire ses devoirs :

– Papa, jockey, ça porte un Q ?

– Bien sûr, Samy, sinon comment veux-tu qu'il monte à cheval !

POPECK

•

– Il faut pardonner à ses ennemis ?
– Oui. S'il n'y a aucun moyen de leur rendre la pareille.

FRANKLIN P. JONES

•

– Vous avez aimé cette pièce de théâtre ?
– Non. Mais les conditions ne s'y prêtaient pas. Le rideau était levé.

GROUCHO MARX

•

– Qu'est-ce que vous pensez du téléphone portable ?
– C'est le seul sujet de conversation entre hommes où l'on se vante d'avoir le plus petit.

NEIL KINNOCK

•

– Vous pensez que vous méritez cette récompense ?
– Non, mais j'ai de l'arthrite et je ne mérite pas ça non plus.

JACK BENNY

•

Eric : Je me souviendrai toujours des premiers mots que j'ai prononcés dans un théâtre.
Ernie : C'étaient lesquels ?
Eric : Par ici, s'il vous plaît ! Demandez le programme !

ERIC MORECAMBE
ET ERNIE WISE

•

« Qu'emporteriez-vous avec vous si vous deviez partir et vivre sur une île déserte ? » Ma réponse claque sèchement : « Une île flottante, c'est certain ! »

DANIEL PRÉVOST

•

– Quelle est la chose la plus difficile dans la boxe professionnelle ?
– C'est d'apprendre à ramasser ses dents avec des gants.

KIN HUBBARD

•

La comédienne Simone s'entretenait avec une collègue plus âgée à propos de son comportement à la scène, elle affirmait :
– Je n'ai jamais le trac lors d'une générale.
– Ma petite Simone, vous aurez le trac quand vous commencerez à avoir du talent.

•

– Ça fait un an que vous sortez avec ma fille maintenant. Quelles sont vos intentions ? Honorables ou malhonnêtes ?
– Vous voulez dire que j'ai le choix ?

HARRY HERSHFIELD

•

– Vous êtes pessimiste…
– Je crois que je préfère voir les choses en noir. Pour moi, la bouteille n'est jamais à moitié pleine. Elle est toujours à moitié vide, son goulot est ébréché, je me coupe les lèvres en buvant et je m'y casse les dents.

JANEANE GAROFALO

•

– Quel est le job dont vous êtes le plus fier ?
– J'ai été narrateur pour mimes sans talent.

STEVEN WRIGHT

•

– Vous avez toujours eu le sens de l'humour ?
– Je pense qu'on n'apprend pas à être drôle. On l'est ou on ne l'est pas. Certaines personnes naissent drôles comme d'autres naissent dentistes.

PAUL REISER

•

– Votre dernier spectacle fait un tabac…
– Oui. Hier soir, la salle était tellement bondée que les spectateurs étaient obligés d'applaudir verticalement.

W. C. FIELDS

•

Groucho : Vous savez, ma chère, que vous devenez chaque jour plus jolie !

Une femme : Oh ! Vous exagérez, monsieur Reniflard !

Groucho : Vous avez raison. Mais admettez que vous ne pouvez guère devenir plus laide.

LES MARX BROTHERS

•

– L'Académie française trouve que la langue est en danger !

– Nous, on a appelé la boucherie Bernard et apparemment la langue est bonne, elle est fraîche, elle est à 35,80, elle est légèrement en hausse mais dans l'ensemble elle se maintient !

COLUCHE

•

– Je vous présente Monsieur de Balzac.

– Très honoré !

FRÉDÉRIC DARD

•

– C'est quoi ton nouveau régime ?

– Révolutionnaire ! Je peux manger tout ce que je veux, mais seulement en présence d'obèses nus.

ED BLUESTONE

•

– Adam aurait été homo, la face du monde en eût été changée…
– Et Ève se serait foutue de sa pomme.

MICHEL GALABRU

•

Une femme : Que voudras-tu faire lorsque tu seras vieux ?
Groucho : Rajeunir.

LES MARX BROTHERS

•

À la télévision, on m'a demandé un jour : « Quelle est la différence entre la meilleure photo du portrait de Juan de Pareja, de Vélasquez, et le portrait lui-même ? » J'ai répondu : « Aujourd'hui, la différence est exactement de six millions de dollars. »

SALVADOR DALI

•

– Moi aussi, dit l'ancien ministre, je me ferai incinérer après ma mort, l'urne, c'est en quelque sorte mon climat d'élection.

ANTOINE BLONDIN

•

– Vous pensez que la vie imite l'art ?
– Non. Elle imite plutôt la mauvaise télévision.

WOODY ALLEN

•

– Comment allez-vous ?
– Je hâle bien, merci.

FRÉDÉRIC DARD

•

– Vous vous souvenez de votre première expérience sexuelle ?
– Oui. Je lui ai demandé : « Est-ce que je suis ton premier homme ? » Elle m'a répondu : « Peut-être. Ton visage me dit quelque chose. »

RONNIE BULLARD

•

– Que pensez-vous des relations sexuelles ?
– C'est l'une des choses les plus belles, les plus saines, les plus innocentes, les plus naturelles, que l'argent puisse acheter.

STEVE MARTIN

•

– Vous êtes féru de génétique, Jean Yanne ?

– La génétique, qu'est-ce que c'est, vous demandez-vous. Eh bien, la génétique, c'est l'hérédité. Un exemple : si votre père est chauve, avec beaucoup de poils sur la poitrine, eh bien, vous avez toutes les chances d'être chauve, avec du poil sur la poitrine. Si votre mère est chauve, si elle a également du poil sur la poitrine et surtout si elle s'appelle Raymond, nous reviendrons là-dessus plus tard, si vous le voulez bien, lorsque le Pacs sera mieux perçu par tout le monde.

•

– Qui a fait votre éducation sexuelle ?

– Pour tout vous dire, ma mère me parlait tellement de la sexualité des oiseaux et des abeilles que j'ai mis très longtemps avant de m'intéresser à une fille.

JACK E. LEONARD

•

– Quelle est la première chose que vous faites le matin en vous réveillant ?

– Je me rendors.

CLAUDE CHABROL

•

– Vous êtes content d'être là ce soir ?

– Vous savez, à mon âge, où qu'on soit, on est surtout content d'être encore là !

MAURICE CHEVALIER

•

– Qu'est-ce que vous pensez de la météo ?
– C'est une science qui permet de connaître le temps qu'il aurait dû faire.

PHILIPPE BOUVARD

•

– Que pensez-vous du bouddhisme ?
– Une religion où on doit en même temps fermer les yeux et regarder son nombril ne peut pas être vraiment mauvaise.

GEORGES WOLINSKI

•

– Comment devient-on millionnaire dans le business ?
– C'est simple, il suffit de commencer milliardaire.

RICHARD BRANSON

•

– Que réponds-tu à ceux qui te trouvent mal habillé ?
– Les gens qui regardent la télé voudraient qu'on arrive chez eux en smok alors qu'eux la regardent avec des pantoufles et devant une nappe en plastique.

SERGE GAINSBOURG

•

– Vous avez aussi écrit des livres pour enfants...
– Oui, mais ce n'était pas volontaire.

STEVEN WRIGHT

•

– Que répondez-vous à ceux qui disent que faire l'amour avec un préservatif, c'est comme prendre une douche avec un imperméable ?

– Je leur répondrai que par les temps qui courent, faire l'amour sans préservatif, c'est comme prendre une douche avec un grille-pain allumé.

PIERRE PALMADE

•

– 57 % des Français sont contre l'utilisation du téléphone portable dans les lieux publics.

– Si on ne peut l'utiliser que chez soi, ça sert à rien de l'avoir inventé !

LAURENT RUQUIER

•

– Qu'est-ce que la réussite ?

– C'est d'abord et surtout d'être au travail quand les autres vont à la pêche.

PHILIPPE BOUVARD

•

– Vous êtes un adepte du baisemain ?

– Le baisemain, c'est un bon début. Ça permet de renifler la qualité de la viande.

OLIVIER DE KERSAUSON

•

– Ça n'a pas l'air d'aller fort, grand-père ?
– Je suis vieux !
– Ça vous passera !

FRÉDÉRIC DARD

•

– Une femme : Oh, vous, vous aimez les enfants.
– Groucho : Non, je préfère les faire.

LES MARX BROTHERS

•

– La vitesse est limitée à 90 et vous étiez à 140.
– Oui, mais on est trois dans la voiture.

JOSÉ ARTUR

•

Jean Cocteau ne cachait pas son homosexualité.
– Quel est votre vice ? lui demandait-on.
– Versa !

•

Je ne pense pas que nous ayons condamné à mort le moindre coupable, euh, innocent au Texas.

GEORGE BUSH JR

•

À un ami avec lequel je venais de me disputer : « Si, un jour, quelqu'un te traite de con, préviens-moi ! Je confirmerai ! »

DANIEL PRÉVOST

•

La petite fille d'un de mes invités a eu un mot superbe. Elle a cinq ans, la famille, à table, discute de la peine de mort ; dans un silence, elle dit :

– Moi je suis pour la peine de mort…

– C'est ton droit… Mais pourquoi ?

– Ben, quand on est mort, c'est normal qu'on ait de la peine…

JOSÉ ARTUR

•

– Si vous étiez mon mari, je vous ferais prendre du poison !

– Si j'étais votre mari, je le prendrais !

DIALOGUES DU FILM
PARADISE ALLEY

•

Olivier de Kersauson : Elle m'agresse, l'autre bécasse.

Sophie Favier : Soyez poli !

Olivier de Kersauson : C'est pas un jugement, c'est un portrait !

•

– Tu as assisté à son enterrement ?
– Non, mais j'ai envoyé une lettre pour dire que j'approuvais cette initiative.

MARK TWAIN

•

Balzac et Alexandre Dumas étaient brouillés. Le hasard les fit se retrouver chez des amis communs. Ils n'échangèrent pas une parole pendant toute la soirée. À la fin, Balzac dit tout fort :
– Quand je serai usé, je ferai du théâtre.
– Commencez tout de suite ! riposta Dumas.

•

– Vous considérez les femmes comme de simples objets sexuels ?
– Ah, mais pas du tout, elles savent aussi coudre, laver et balayer avec talent !

OLIVIER DE KERSAUSON

•

Pierre Dac commandait à un chauffeur de taxi, à Paris :
– Rue des Hommes mariés !
Comme le chauffeur ne comprenait pas, Pierre Dac expliqua avec un profond soupir :
– On voit que vous êtes célibataire ! Je vais rue des Martyrs !

•

– Dans une île déserte, vous emporteriez quoi ?
– Les îles désertes, cela n'existe plus, il n'y a plus que la question qui existe !

COLUCHE

•

– D'après les experts, la Terre se réchauffe…
– Enfin un geste pour les sans-abri !

LAURENT RUQUIER

•

– J'ai arrêté de fumer. Au début, ça a été l'enfer, puis il y a eu une période où je m'en foutais, et là je peux pas dormir.
– T'as arrêté quand ?
– À cinq heures, cet après-midi.

DIALOGUES DU FILM
ATTENTION UNE FEMME
PEUT EN CACHER UNE AUTRE

•

Souvent, l'on me demande : « Daniel, d'où vient votre charisme ? » Imperturbable, je réponds : « Mais de Panama, mon charisme ! de Panama ! »

DANIEL PRÉVOST

•

Sacha Guitry assistait à une soirée. Il se trouva seul, à un moment, près de l'entrée. Un goujat se moqua de lui en feignant de le prendre pour un maître d'hôtel.

– Pardon, mon brave, pouvez-vous m'indiquer les toilettes ?

– Prenez cette direction, dit Guitry, suivez le couloir, tournez à droite. Vous verrez une porte où il est écrit « Gentlemen ». Alors, vous entrerez quand même.

•

– C'est un chien qui aime trop le miel…
– Et c'est le miel qui le fait gonfler ?
– Non. C'est les abeilles.

DIALOGUES DU FILM
LA FEMME DU BOULANGER

•

– Qu'est-ce que Dieu ?
– Le père Noël des grandes personnes.

FRANÇOIS CAVANNA

•

– On dit que tu ne fermes jamais ta braguette.
– C'est vrai.
– Et pourquoi ?
– Des fois qu'il faudrait que je compte jusqu'à onze…

COLUCHE

•

– Par quel moyen un spermatozoïde pénètre-t-il dans un ovule ?
– Par effraction ?
– Non.
– Il y a un digicode ? Il fait le code avec sa queue ?
– Non.
– Il a un mot de passe ! « Suzanne, ouvre-toi ! »
– Mais non ! Qu'est-ce qui lui permet de rentrer dans l'ovule ?
– Son excitation ! Il est chaud comme une braise, il rentrerait dans n'importe quoi !
– Non, c'est grâce à quelque chose qui se trouve dans sa tête.
– Un marteau-piqueur ? Une mèche de douze ? Une tronçonneuse ? Un explosif !
– C'est la bonne réponse ! Il a une charge explosive dans la tête !
– D'où l'expression tirer un coup !

JEAN YANNE

•

– Coluche, qu'est-ce que tu fais après l'amour ?
– Comme tous les hommes mariés. Je me rhabille et je rentre chez moi.

•

– Vous croyez en Dieu ?

– Supposez que j'aille voir le curé de la paroisse en lui disant que cette nuit il m'est arrivé une chose étrange : Dieu m'est apparu ! Que va-t-il dire ? « Asseyez-vous, cher Devos, détendez-vous ! » Il va aller dans la pièce d'à côté et téléphoner chez moi. « Raymond est ici et j'ai l'impression qu'il n'est pas bien… » Que lui aurais-je dit d'autre que ce qu'il dit tous les jours, qu'il implore, que ce en quoi il croit ?

RAYMOND DEVOS

•

– Le préservatif ?

– Il ne faut pas sortir sans préservatif… et encore moins entrer…

LAURENT RUQUIER

•

– Pardon, monsieur ! Pouvez-vous me prêter cent francs, que je vous rendrai la semaine prochaine ?

– Mais je ne vous connais pas ?

– C'est bien pour ça que je vous le demande.

POPECK

•

Sacha Guitry dansait avec une jeune femme, jolie, riche et sotte. Elle lui glissa :

– Ah, maître, imaginez… Si nous faisions un enfant ensemble ; il aurait ma beauté et votre intelligence…

– Ah, madame, imaginez que cela soit le contraire…

•

Lorsqu'il était directeur du *Figaro*, Alfred Capus reçut trois nouvelles sans grande valeur d'une jeune femme écrivain. Un matin, elle se présenta :

– Monsieur, je viens prendre des nouvelles de mes nouvelles.

Capus lui rendit ses manuscrits avec ces mots :

– Mauvaises nouvelles, mademoiselle.

•

– Je peux vous donner une belle chambre avec un bain...

– Donnez-moi la chambre, je prendrai le bain tout seul !

DIALOGUES DU FILM
POKER PARTY

•

– Quelles sont les meilleures armes des femmes ?

– Elles ont à leur disposition deux armes terribles : le fard et les larmes. Heureusement pour les hommes, elles ne peuvent pas s'en servir en même temps.

MARILYN MONROE

•

Deux clochards marchent sur la route :

– T'as perdu une chaussure ?

– Non, j'en ai trouvé une.

Popeck

– Il y a des choses pires que la chasteté, monsieur Shannon.

– Oui, la folie et la mort.

DIALOGUES DU FILM
LA NUIT DE L'IGUANE

•

J'ai un sens de l'improvisation spontanée exceptionnel ! À un journaliste qui me demande : « Et la religion ? Et Dieu dans tout ça ? » je réponds : « Oh ! Dieu, il y a longtemps que j'ai mis une croix dessus ! »

DANIEL PRÉVOST

•

– Toi, tu mets ton point d'honneur à ne pas être dans le vent !
– J'ai peur de m'enrhumer.

JEAN ANOUILH

•

– Ton père et moi, tu nous feras mourir de chagrin.
– Tant mieux, comme ça on retrouvera pas l'arme du crime.

DIALOGUES DU FILM
MÉLODIE EN SOUS-SOL

•

Un truand : Que diriez-vous si je vous brisais en deux ?

Groucho : Est-ce que cela me donnera le droit de remplir deux déclarations d'impôts séparées ?

LES MARX BROTHERS

•

– À l'école, en algèbre, vous étiez du genre Einstein ?
– Oui, mais plutôt Frank qu'Albert.

PHILIPPE GELUCK

•

Un jour, un type m'a dit : « Vous avez une longue carrière devant vous ! » J'ai enlevé mes lunettes et j'ai répondu : « Où ça ? »

JACQUES DUTRONC

•

– Comment avez-vous trouvé l'Italie lors du tournage de votre film *Le Roi Dagobert* à Rome ?

– Je vais vous expliquer comment j'ai trouvé l'Italie : je suis allé jusqu'à Cannes, j'ai tourné à gauche, à un moment j'ai vu marqué *frontiera* et c'était là !

COLUCHE

•

– Cher Jean Yanne, que trouvait-on à la place de la Samaritaine au XVIIIe siècle ?

– Comment voulez-vous que je le sache, moi ? Franchement, un type comme moi, je suis tranquille, peinard, j'ai une vie sexuelle normale, je voyage, je fais un peu l'acteur, je regarde la télé, j'achète des livres, je suis pas plus con qu'un autre, j'ai une voiture normale, j'achète de l'essence, il m'arrive de payer mes impôts, comment voulez-vous que je sache ce qui se passait à la Samaritaine au XVIIIe siècle ? Je vais vous dire très sincèrement, vous pouvez m'arracher les ongles, j'avouerai pas ! Et pourtant, je suis pas courageux, courageux. Franchement, pendant la guerre, on m'aurait demandé l'adresse du colonel Fabien, il n'y avait qu'à me montrer une lime à ongles en fronçant les sourcils, je balançais tout !

JEAN YANNE

•

– La principale différence entre l'homme et la femme ?
– L'homme est sain et direct. S'il n'y avait eu que lui, le sexe serait resté le sexe. La femme complique tout. C'est par sa faute que le sexe est devenu l'amour.

FRANÇOIS CAVANNA

•

– Et si Dieu n'existait pas ?
– Si Dieu n'existe pas, le mec qui est en train de prier a vraiment l'air d'un con.

GEORGES WOLINSKI

•

– Demain, c'est la fête des secrétaires…
– Et il y a sûrement de nombreux patrons qui aujourd'hui ont dit à la leur : « Nicole, vous penserez demain à vous acheter un bouquet de fleurs. »

LAURENT RUQUIER

•

– Dites-moi donc, ma chère, depuis quand les jeunes gens de vingt ans sont-ils si ridicules ?
– Mon ami, c'est depuis que vous avez quarante-cinq ans.

ALPHONSE KARR

•

– Que pensez-vous du bouddhisme ?
– Une religion où on doit en même temps fermer les yeux et regarder son nombril ne peut pas être vraiment mauvaise.

GEORGES WOLINSKI

•

On questionne Donald Rumsfeld :
– M. Rumsfeld, Ben Laden est-il mort ou vivant ? Et s'il est vivant, cela signifie-t-il que nous avons perdu la guerre contre le terrorisme ?
– Ma réponse à la question « Est-il mort ou vivant ? » est oui. Il est mort ou vivant.

•

Cette femme qui prétend que je suis dyslexique, jamais je ne l'ai interviewée !

GEORGE BUSH JR

•

– Chanteur-acteur, vous n'en avez pas marre de choisir entre les deux ?
– Ah ! C'est une question pertinente ! Vous avez bien fait de me la poser parce que, l'autre soir, je mangeais dans un restaurant avec une baronne et, d'un seul coup, j'ai senti des picotis sur mon mollet. C'était un coq.

JACQUES DUTRONC

•

Thierry Ardisson : J'ai une grande complicité sexuelle avec ma femme.

Laurent Baffie : Moi aussi, j'ai une grande complicité sexuelle avec ta femme. Je la ramène pas tout le temps !

•

– Si je suis tué, amène-moi les vingt-cinq plus belles filles que tu pourras trouver.

– Pourquoi ?

– Si je ne me relève pas, tu sauras que je suis vraiment mort.

DIALOGUES DU FILM *RIO RITTA*

•

– Ma mère est morte quand j'avais six ans. Mon père m'a violée quand j'en avais douze…

– Ah… vous avez quand même eu six années relativement bonnes…

DIALOGUES DU FILM *ARTHUR*

•

Répondant au questionnaire de Proust, Coluche a la repartie qui fait mouche :

– Le fait militaire que vous admirez le plus ?

– La désertion ou l'armistice.

•

– Vous aviez de bons rapports avec vos parents ?
– Jusqu'à treize ans, j'ai pensé que mon nom était « tais-toi ».

JOE NAMATH

•

René Simon, âme des fameux cours d'art dramatique portant son nom, pique un jour une colère contre l'un de ses élèves qu'il jugeait médiocre acteur :
– Mon pauvre ami, qu'est-ce que vous allez devenir ? Un comédien raté, au chômage ! Et alors, que ferez-vous ?
L'aspirant comédien, sans se démonter, rétorqua tout de go :
– En ce cas, je n'hésiterai pas, j'ouvrirai un cours d'art dramatique !

•

– Que pensez-vous des musiciens ?
– Les musiciens sont des crétins, et même des crétins supergélatineux.

SALVADOR DALI

•

– Monsieur, le vin est-il assez frais ?
– Oui, c'est lui qui paie.

JOSÉ ARTUR

•

– Et Coluche, fou de vitesse, comment arrivez-vous à trouver le temps de battre des records ?

– N'étant pas licencié international, j'ai demandé une dispense de licence pour tenter un record du monde moto. On a calculé qu'il durerait dix-sept secondes. Donc, je peux les trouver facilement dans mon emploi du temps.

•

– Tu vas où ?

– Pisser. Tu veux venir ? Le docteur m'a déconseillé de porter seul des objets trop lourds…

DIALOGUES DU FILM
LE DERNIER SAMARITAIN

•

– On peut gagner sa vie en s'amusant !

– Qu'est-ce que je fais le dimanche si je rigole la semaine ?

DIALOGUES DU FILM
PARIS AU MOIS D'AOÛT

•

– C'est pas loin, la Lune, c'est à trois jours de voyage aller et retour.

– Oui, mais pour une journée là-bas, ça vaut pas le coup !

BRÈVES DE COMPTOIR

•

Au maître d'hôtel d'un restaurant russe qui demande à Jean Yanne ce qu'il aimerait que l'orchestre lui joue : « S'ils veulent vraiment me faire plaisir, qu'ils jouent aux dominos ! »

– C'est étonnant qu'il ne se soit jamais marié.

– C'est un célibataire.

– Ah ! Ceci explique cela !

LES MONTY PYTHON

•

– Vous aimez faire montre d'esprit avec les femmes ?

– Ce n'est pas la peine de faire de l'humour avec les femmes puisqu'on les fait beaucoup plus rire en les chatouillant.

PHILIPPE BOUVARD

•

– Que pensez-vous du sort des femmes dans le monde ?

– Misérables en Asie, battues en Russie, mutilées en Afrique, violées partout… partout dans le monde, les femmes sont opprimées, humiliées, soumises. La seule qui soit épanouie, dominatrice, indépendante, performante, heureuse, c'est la mienne ! Quelle poisse !

GEORGES WOLINSKI

•

– À quarante-cinq ans, elle est encore belle comme le jour…

– Le problème, c'est la nuit.

PATRICK SÉBASTIEN

•

– Tour de France : Une année, à chaque étape, on avait droit à une pintade à dîner. J'ai horreur de ça. Alors, à la fin, je me suis levé en la désignant : « Si ce volatile doit faire le Tour avec nous, qu'on lui mette un dossard ! »

ANTOINE BLONDIN

•

– C'est quoi la franchise chez un homme politique ?
– C'est pas la même chose que pour vous et moi. Pour eux, la franchise ne consiste pas à dire ce qu'on pense, mais à penser ce qu'on dit.

COLUCHE

•

Les paysans mécontents ? « La ferme ! »

TOMI UNGERER

•

– Quelle cause soutenez-vous ?
– Je ne soutiens aucune cause. J'ai déjà suffisamment de mal à me soutenir moi-même. J'envisage d'ailleurs de faire une demande de soutien pour moi. Ceux qui souhaitent m'envoyer de la vitamine C ou du beaujolais sont les bienvenus.

JEAN POIRET

•

À la question stupide : « Quel est le comble de la misère ? », répondre : « Dormir sous les combles ! »

DANIEL PRÉVOST

•

– Quelle est votre profession selon votre passeport ?

– Sur mon passeport, il y a eu « artiste de variétés » et « artiste lyrique ». Maintenant, c'est « comédien ». En fait, je suis sans profession. Je dépanne de temps en temps au cinéma ou dans les salles de spectacles. Mais mon véritable métier, c'est cuisse de poulet arabe. Un métier extrêmement rare.

JACQUES DUTRONC

•

– Qu'est-ce que la modestie ?

– C'est l'art de faire dire par d'autres tout le bien que l'on pense de soi-même.

PHILIPPE BOUVARD

•

Réponse à Michel Droit qui s'était plaint que Gainsbourg ose chanter *La Marseillaise* sur un air de reggae :

– On a pas le con d'être aussi Droit !

•

– Quelle réforme politique croyez-vous nécessaire ?

– Je ne vois pas pourquoi on laisse les présidents conduire les États sans permis. Il faudrait instituer un permis de conduire les États qui serait obligatoire pour accéder au poste suprême. Le candidat devrait d'abord étant jeune se faire la main sur un petit parti clandestin, le modèle sport, qu'on peut piloter un peu n'importe comment, ensuite, il devrait essayer la conduite à gauche, enfin, il finirait par un bon gouvernement classique, avec tout le confort et bien sûr conduite à droite.

JEAN POIRET

•

– Vous prétendez que le président des États-Unis est malhonnête.

– Je ne dis pas qu'il est malhonnête, je dis juste que je ne serais pas surpris d'apprendre qu'il s'est fait installer des poches en caoutchouc pour pouvoir voler de la soupe.

WILSON MIZNER

•

Interviewer : Bonsoir. Ce soir, j'ai invité sur notre plateau M. Norman Saint John Polevaulter qui, depuis quelques années, contredit les gens… M. Polevaulter, pourquoi contredisez-vous les gens ?

Polevaulter : Je ne contredis pas les gens.

Interviewer : Vous m'aviez dit que vous le faisiez.

Polevaulter : Je n'ai jamais dit une chose pareille.
Interviewer : Oh, je vois. Bon, je recommence.
Polevaulter : Non, vous ne recommencerez pas.
Interviewer : Chut. M. Polevaulter, si je comprends bien, vous ne contredisez pas les gens.
Polevaulter : Si, c'est ce que je fais.
Interviewer : Et quand n'avez-vous pas commencé à contredire les gens ?
Polevaulter : Eh bien, j'ai commencé en 1952.
Interviewer : 1952 ?
Polevaulter : 1947.
Interviewer : Il y a donc vingt-trois ans de cela.
Polevaulter : Non.

LES MONTY PYTHON

•

– Est-ce qu'on doit dire fioul ou fuel ?
– Ça dépend si on dit bougnoule ou Bunuel.

COLUCHE

•

– Vous accepteriez le prix Nobel ?
– Oui, à une seule condition : recevoir mon poids en saumon fumé.

DANIEL PRÉVOST

•

– Vous êtes canadien.
– Oui. C'est comme un Américain mais sans le pistolet !

JERRY FARINOTTI

•

– Pourquoi avez-vous renoncé à faire des discours ? Les gens regardaient leurs montres ?
– Pire que cela, ils les secouaient pour voir si elles n'étaient pas arrêtées.

LORD BIRKETT

•

– Je n'ai encore jamais fait de partouzes, c'est bien ?
– Pour quelqu'un qui aime la compagnie, c'est le rêve !

FRÉDÉRIC DARD

•

– Le secret pour rester jeune ?
– C'est de vivre honnêtement, de manger lentement, et de mentir sur son âge.

LUCILLE BALL

•

– Un homme peut-il vraiment connaître sa femme ?
– Non. En tout cas, pas avant de se retrouver avec elle au tribunal pour divorcer.

NORMAN MAILER

•

– Il s'appelle Juste Leblanc.
– Ah bon, il a pas de prénom ?
– Je viens de vous le dire. Juste Leblanc. Leblanc c'est son nom et c'est Juste son prénom.
– Euh…
– Monsieur Pignon, votre prénom à vous, c'est François, c'est juste ?
– Oui.
– Eh bien, lui, c'est pareil, c'est Juste.

DIALOGUES DU FILM
LE DÎNER DE CONS

•

Un mec rentre de voyage et trouve sa femme au lit avec Bouvard. Scandalisé, il lui dit :
– Je croyais que tu m'avais promis de ne plus me tromper !
Et elle répond en montrant Bouvard :
– Mais tu vois bien que j'essaye de diminuer progressivement !

COLUCHE

•

– Vous êtes pour l'égalité des sexes ?
– Oui. Et je prendrais moi-même les mesures.

THIERRY LE LURON

•

– Pourquoi tant de temps entre votre premier film, 1962, et le deuxième, 1967 ?
– Ben, j'étais chômeur, mon pote.
– Il n'y en avait pas à l'époque…
– J'étais un mec d'avant-garde.

BERTRAND BLIER

•

– Moi, l'amour, j'ai appris sur le tas.
– T'as fait le con de te marier avec…

PATRICK TIMSIT

•

– Qu'est-ce qu'une catastrophe ?
– C'est la première strophe d'une histoire d'amour.

JEAN-LUC GODARD

•

Il est intéressant de penser que les esclaves qui ont quitté ce pays, mus par leur détermination, leur religion et leur sens de la liberté, ont aidé à changer l'Amérique.

GEORGE BUSH JR

•

– T'as pas la trouille d'habiter à côté d'une centrale ?
– Peur de quoi ?
– Je sais pas… des journalistes.

BRÈVES DE COMPTOIR

•

– Quelle est votre devise ?
– Aimez-vous les uns les autres et lâchez-moi la grappe.

OLIVIER DE KERSAUSON

•

– Pour avoir une voiture comme celle-là, vous devez être très riche…
– Non, très dépensier.

FRÉDÉRIC DARD

•

Thierry Ardisson : Vous regrettez de pas avoir écrit vos chansons vous-même ?
Christine Deviers-Joncour : Mais je les écris moi-même.
Laurent Baffie : Et ça, tu regrettes pas ?

•

– Le grand-père prend son canne.
– Sa canne.
– Pourquoi ?
– Parce que c'est féminin. On dit une canne. Continuez.
– La grand-mère prend sa ombrelle.
– Son ombrelle.
– Pourquoi ?
– Parce que c'est féminin. On dit une ombrelle.
– Comme une canne ?
– Oui.
– Comprends pas.

DIALOGUES DU FILM
MONSIEUR RIPOIS

•

– Pourquoi tu es devenu gros ?
– Parce que je ne me trouvais jamais assez bronzé, j'ai voulu augmenter la surface. Et il me reste des réserves, je peux encore devenir chauve !

COLUCHE

•

Groucho : Si vous arrivez à vendre ces terrains, je ferai en sorte qu'on vous donne une grosse commission.
Chico : Je préférerais un peu d'argent.

LES MARX BROTHERS

•

Si l'on croit Apollinaire, Jarry possédait, sur la cheminée de sa chambre, un monumental phallus de pierre. Une dame de lettres, venue lui rendre visite, aperçut l'objet. Elle le désigna, interrogative :

– C'est une reproduction ?

– Que non, madame, fit Jarry, c'est une réduction !

•

On demandait son âge à Alphonse Allais :

– Impossible de vous le dire, il change tout le temps !

•

Chico : Je vous ai déjà vu quelque part.

Groucho : J'ignore où, mais je n'y retournerai plus.

LES MARX BROTHERS

•

– À quoi travaillez-vous ?

– Je vais faire un dictionnaire des maux usuels. Pas pour soigner les maladies, mais pour les contracter. Il n'existe que des ouvrages où l'on apprend comment guérir des maladies mais aucun où on apprend avec certitude à les attraper.

JEAN POIRET

•

– Il ne buvait pas, il ne fumait pas, il ne mangeait pas et il est mort très jeune…
– Ça lui apprendra.

MICHEL GALABRU

•

– C'est dur d'aimer Dali ?
– Non, c'est mou !

SALVADOR DALI

•

– Mon père était arménien et ma mère moitié juive, moitié anglaise et moitié espagnole.
– Ça fait trois moitiés ?
– Oh… c'est-à-dire que c'était une grosse femme.

DIALOGUES DU FILM
CADDYSHACK 2

•

« Votre femme est une rose », disait-on à un poète aveugle. « Je m'en doutais aux épines », répondit-il.

ALPHONSE KARR

•

Un mauvais romancier répond à un de ses confrères :
– On a beau blaguer… je sais mon français !
– Ton français, oui, c'est celui des autres que tu ne sais pas !

AURÉLIEN SCHOLL

•

Une femme : Parfois, les anecdotes que vous me livrez en contredisent d'autres, que vous m'aviez auparavant racontées. Quelle version dois-je croire, la première ou la dernière ?

Groucho : Les deux. Je suis un menteur.

LES MARX BROTHERS

•

Récemment arrivé à Paris, un boulevardier de la Canebière disait avec vanité : « À Marseille, nous avons eu un mètre de neige ! » « En long ? »

AURÉLIEN SCHOLL

•

– Je me suis laissé dire que vous n'aimiez pas les hortensias.

– L'hortensia est une plante carnivore. Il ne faut jamais la caresser ! Elle peut vous arracher un bras, il faut le savoir. On appelle d'ailleurs l'hortensia le crocodile des plantes. Moi, j'en ai planté un peu partout autour de chez moi. Pour dissuader les voleurs. Depuis, mes primes d'assurance ont considérablement baissé ! C'est efficace ça, les hortensias. Mais c'est à manier avec prudence. Regardez les gardiens de square ! Il leur manque toujours un bras. Ce sont des accidentés des hortensias.

JEAN YANNE

•

T'habites à Milan ? Eh bien, bon anniversaire !

COLUCHE

•

– Il y a Troyes et Troie… ce qui fait deux.
– Permettez… trois et trois font six.

GEORGES FEYDEAU

•

Le duelliste : Mon adversaire est en retard !
Le témoin : Il vous prie de l'excuser et vous fait dire que vous pouvez commencer sans lui.

CAMI

•

Quand quelqu'un me tape sur l'épaule, je ne me retourne pas, je lui réponds simplement : « À moi aussi, on m'en doit ! »

POPECK

•

– Quand j'étais jeune, j'étais belle.
– Mais vous êtes encore belle !
– Mais non, elle, c'est ma fille.

BRÈVES DE COMPTOIR

•

– Un billet pour Vérone.
– La petite ou la grande ?

FRANCIS BLANCHE

•

Un archer : Capitaine, nous n'avons plus de flèches.
Le capitaine des archers : Ça ne fait rien. Vous sifflerez tous ensemble pour imiter le sifflement des flèches.

CAMI

•

– Revenir sur votre engagement ? Mais vous m'avez donné votre parole…
– Mon petit, il n'y a rien qui vaut moins que ma parole !… Si… ma signature !

FRANCIS BLANCHE

•

– Des milliers d'hommes se sont mariés uniquement pour éviter l'armée.
– C'est comme se couper la gorge pour éviter les laryngites !

DIALOGUES DU FILM
CAUGHT IN THE DRAFT

•

– Comment aimeriez-vous mourir ?
– En bon vivant.

DANIEL PRÉVOST

•

– À quoi tu penses ?
– Je pense pas, je m'emmerde.
– On dirait que tu penses quand tu t'emmerdes.

DIALOGUES DU FILM
LE GOÛT DES AUTRES

•

– Qu'emporteriez-vous sur une île déserte ?
– J'aimerais y transporter de quoi construire un pont, puis avoir une voiture, pour rouler sur le pont, et de l'essence, pour faire rouler la voiture.

FRANCIS BLANCHE

•

Jules Renard, répondant à une question sur Nietzsche :
– Ce que j'en pense ? C'est qu'il y a bien des lettres inutiles dans son nom.

•

Un jeune homme prétentieux déclarait à Alfred Capus :
– Moi, je n'ai jamais de rhume de cerveau !
– Cela ne me surprend pas ! Pour ma part, je connais un cul-de-jatte qui n'a jamais de cors aux pieds !

•

– La police a trouvé dans son appartement un tapis fait de cheveux humains !
– Et alors, Votre Honneur, le mauvais goût n'est pas un crime.

DIALOGUES DU FILM
ARMED AND DANGEROUS

•

Quelqu'un disait à Jules Renard :
– Il faudra que j'aille vous voir demain pour vous raconter mes embêtements.
– Ça fera deux personnes embêtées au lieu d'une.

•

– Vous êtes fort en affaires ?
– Oui. Le malheur, c'est que les autres le sont encore plus que moi.

FRANCIS BLANCHE

•

Dialogue cité par Aurélien Scholl :
– Vous savez ?
– Quoi ?
– Untel a fait fortune.
– Ce cuistre, ce goujat !
– Et il roule carrosse !
– Sans doute à la place du cheval ?

•

– Quel est ton auteur favori ?
– Mon nègre.

SERGE GAINSBOURG

•

– Vous aimez enfoncer les portes ouvertes…
– Oui. Je préfère enfoncer les portes ouvertes que les portes fermées. Cela fait moins mal à l'épaule.

DANIEL PRÉVOST

•

– Coluche, tu aimes les bêtes ?
– Oui. Mais pas toutes. J'aime principalement les bien cuites, les chevreaux, les lapins…

•

– Un mec qui a réussi, c'est un mec qui gagne plus d'argent que sa femme ne peut en dépenser.
– Et une femme qui a réussi ?
– C'est une femme qui met la main sur ce genre de mec.

JEAN YANNE

•

Un homme : J'ai épousé ma femme en secret.
Groucho : En secret ? Vous ne le lui avez pas dit ? Pas étonnant qu'elle sorte avec d'autres hommes.

LES MARX BROTHERS

•

– Comment vous trouvez-vous ?
– Je me trouve moche et con. Heureusement, personne ne semble s'en apercevoir.

GEORGES WOLINSKI

•

Un homme à qui on demande pourquoi il porte deux pistolets : « L'un des deux ne tire pas assez loin. »

DIALOGUES DU FILM
LES TUNIQUES ÉCARLATES

•

– C'est étonnant ce que cet homme vous ressemble, disait Jules Renard à Alfred Capus à propos d'une de ses propres connaissances.
– Et pourtant, je ne l'ai jamais vu ! rétorqua Capus.

•

– Vous aimeriez vivre sur la Lune ?
– Non. Ça m'embêterait de changer de quartier tous les neuf jours.

FRANCIS BLANCHE

•

Henri Monnier, le créateur du personnage de M. Prudhomme, était en visite chez une dame.
– Bonjour, mon cher Monnier. Avez-vous de quoi vous asseoir ?
– Assurément, j'ai bien de quoi m'asseoir, mais je ne sais pas où le mettre.

•

On posait une question à Sacha Guitry :
– Parmi vos œuvres, laquelle vous paraît pouvoir être qualifiée de chef-d'œuvre ?
– Impossible pour moi de vous répondre… je change d'avis chaque jour.

•

– La magouille, je peux plus. Je veux faire honnêtement un métier honnête.
– Tu veux quitter la police ?

DIALOGUES DU FILM
RIPOUX CONTRE RIPOUX

•

Après une représentation, une admiratrice exprimait à Marcel Achard son enthousiasme :
– Maître, je n'ai jamais raté une de vos pièces.
– Madame, je ne peux pas en dire autant.

•

Devant l'insuccès du théâtre ouvert à son nom, rue du Rocher, à Paris, Tristan Bernard réagissait avec une merveilleuse élégance :
– On frappe les trois coups, un par spectateur.

•

Un journaliste demandait à Marguerite Moreno, actrice plutôt mince :
– Est-ce vrai, en général, que les gens maigres ont de l'esprit ?
– Oui, mon gros.

•

Jean Cocteau, au restaurant, rencontre Charlie Chaplin et s'inquiète de sa mauvaise mine.

– Vous avez l'air fatigué ?

– Mais c'est normal. Pensez au nombre de salles dans lesquelles je joue chaque soir !

•

– Vous avez vu le frigo qui sait tout faire, le frigo intelligent, assisté par ordinateur, qui peut communiquer avec vous ? Par exemple, s'il s'aperçoit qu'il manque de produits essentiels, il peut vous téléphoner au bureau.

– Pourquoi ? Il peut pas aller faire les courses ce feignant-là ? Il a pas de roulettes ?

– Et si vous faites la cuisine…

– S'il y a un frigo comme ça dans ma cuisine, je ne lui parle pas, moi !

– Si vous faites la cuisine, donc, il vous donne une recette. Et il affiche dessous la teneur en calories et en graisses…

– Ah, il est chiant en plus !

– Enfin, il peut lancer le chauffage.

– Mais s'il fait ça, il meurt le con ! C'est du suicide !

JEAN YANNE

•

– Tu es décevant, Nero. Mais tu sais ce qui me déçoit encore plus ?

– Ta vie sexuelle ?

DIALOGUES DU FILM
STRANGE DAYS

•

– Que pensez-vous de la nouvelle épouse de Johnny ?
– Ils forment un couple extraordinaire : il est extra, elle est ordinaire !

COLUCHE

•

– Qu'est-ce qui vous révolte ?
– L'égoïsme. Chez les autres. Pas chez moi. Et le céleri. Chez moi. Pas chez les autres.

FRANCIS BLANCHE

•

– Que pensez-vous de l'amour à plusieurs ?
– Si Dieu avait voulu encourager l'amour en groupe, il nous aurait donné plus d'organes.

MALCOLM BRADBURY

•

– J'adore votre façon d'être.
– Depuis combien de temps ?
– Cela n'est-il pas rétroactif ?

DIALOGUES DU FILM
NE MANGEZ PAS LES MARGUERITES

•

– Tu te souviens de la première fois où tu as fait l'amour ?
– Oui. J'ai encore le reçu.

GROUCHO MARX

•

– Qu'est-ce que tu as fait pour gagner ta vie ?
– J'ai vendu des meubles. Les miens.

LEE DAWSON

•

– Ça me paraît impossible de vivre sans Marie-Claude.
– Tu sais, il y a des types dans le monde qui vivent très bien sans ta femme.
– Je sais, ça pourrait être pire. Il y a des types qui naissent avec un œil et qui rient tout le temps.

DIALOGUES DU FILM
MA FEMME S'APPELLE REVIENS

•

– Vous vous mariez à l'église ?
– Bien entendu.
– Vous avez raison. Tant qu'à faire une connerie, autant la faire en musique.

JEAN POIRET

•

Barclay s'est encore marié avec une jeunette. Je suis allé bouffer avec eux au restaurant hier. Le serveur a demandé à la petite :

– Qu'est-ce que ce sera ?

– Une escalope.

– Et pour légume ?

– Donnez-lui la même chose !

COLUCHE

•

– Et ta vie sexuelle ?

– Elle est si pitoyable que je me suis inscrit aux championnats du monde de célibat. Je rencontre demain le pape en demi-finale.

GUY BELLAMY

•

L'inspecteur Ilyaunhommederrierevous : Ne bougez plus, je suis l'inspecteur Ilyaunhommederrierevous…

Le voleur : Ilyaunhommederrierevous ?

L'inspecteur Ilyaunhommederrierevous : Ah, vous croyez que vous allez m'avoir avec ce vieux truc ?

LES MONTY PYTHON

•

– Pardon, monsieur, la rue Gustave-Flaubert, s'il vous plaît ?
– Qu'est-ce que vous allez foutre, rue Gustave-Flaubert ?
– Mais enfin, monsieur, ça ne vous regarde pas !
– Alors, m'emmerdez pas !

DIALOGUES DU FILM *CALMOS*

•

– Un gosse a avalé du sable et du ciment...
– Un conseil aux parents : ne lui faites rien boire !

COLUCHE

•

« Je ne te remercierai jamais assez ! » me dit un ami. « Alors, ne commence pas ! » réponds-je, Pilate, en me lavant les mains...

DANIEL PRÉVOST

•

Clemenceau avait écouté avec intérêt un jeune parlementaire brillant. Il vint féliciter chaleureusement l'orateur :
– Beau début, jeune homme ! Venez sur mon cœur !
– Monsieur le président, j'ai horreur du vide.
Cette réplique lui gagna plus tard un portefeuille.

•

Dialogue entre de Gaulle et le général Massu :
– Alors, Massu, toujours aussi con ?
– Oui, toujours gaulliste, mon général !

•

– Vous vous sentez fatigué ?
– Non. Ni même las. Ni las, ni ailleurs !

RAYMOND DEVOS

•

– Pourquoi préférez-vous le théâtre au cinéma ?
– Parce qu'au théâtre, au moins, on peut se lever et dire directement aux acteurs qu'ils sont à chier.

LINDA HERSKOVIC

•

– À dix-sept ans, vous êtes sortie avec un homme de cinquante-neuf ans ?
– Oui. Sexuellement, c'était parfait parce que les choses qu'il ne pouvait plus faire, c'était celles dont j'ignorais encore l'existence.

CAROL HENRY

•

À quelqu'un qui dans un dîner lui avait envoyé une vacherie qui laissa les convives sans voix, Gainsbourg rompit le silence en disant :
– Un ange pisse…

•

Thierry Ardisson : C'est le questionnaire de Proust…
Henri Leconte : Non, ouais, je connais pas…
Laurent Baffie : Fais-lui plutôt le questionnaire de Prost, celui avec les voitures !

•

Dans un repas, une femme divorcée, assise à côté du romancier Georges Conchon, déballait ses états d'âme.
– Figurez-vous que, par moments, j'ai besoin d'être méchante, de faire du mal à quelqu'un…
– Eh bien… remariez-vous !

•

On demandait à Alfred Capus :
– Est-ce que dans votre vie vous avez rencontré des honnêtes femmes ?
– Rarement… et toujours au moment précis où elles cessaient de l'être.

•

J'ai visité la maison natale de Rimbaud à Charleville avec un agent immobilier. J'en ai profité pour lui demander :

– Vous n'auriez pas une maison natale à vendre ?

– Pourquoi, vous n'avez pas de maison natale ?

– Si, mais je ne m'y suis jamais plu. Dès le premier jour, ça n'allait pas.

RAYMOND DEVOS

•

– Quelle est la marque de champagne la plus classe du magasin ?

– Mumf est en vente à 13,82 dollars.

– Vraiment, c'est tout ? Vous n'avez pas un truc classe à 80 ou 100 dollars la bouteille ?

– Prenez 10 bouteilles de Mumf.

DIALOGUES DU FILM
MON BEAU-PÈRE ET MOI

•

Talleyrand, en sortant d'une réunion politique à Londres, fut abordé par un lord qui lui demanda :

– Que s'est-il donc passé ?

– Pas moins de trois heures !

•

– Vous avez aussi écrit des livres pour enfants…
– Oui, mais ce n'était pas volontaire.

STEVEN WRIGHT

•

– Qu'est-ce que vous aimeriez laisser derrière vous ?
– Des dettes.

JEAN YANNE

•

– Le café, tu l'aimes allongé ou serré ?
– Allongé, un truc corse.

JACQUES DUTRONC

•

Jules Renard dit un jour à son enfant, âgé de cinq ans :

– Fantec, tu es trop grand, maintenant, pour coucher avec ta mère.

– Mais je suis moins grand que toi, papa !

•

Robert Debré, pédiatre de grande renommée, répondait à un journaliste :

– Quel est le plus difficile quand vous examinez un enfant malade ?

– Faire taire les parents.

•

Groucho : Je suis capable de déterminer l'âge d'un poulet grâce aux dents.

Un homme : Mais un poulet n'a pas de dents !

Groucho : Non, mais moi si.

LES MARX BROTHERS

•

André Fraigneau interrogeait Jean Cocteau :

– Si votre maison brûlait, qu'emporteriez-vous ?

– Le feu !

•

Jules Renard rapporte un mot de Claudel, entendu à l'occasion d'un repas. Il parlait du mal qu'avait fait à la France l'affaire Dreyfus à l'étranger.

– Mais la tolérance ? lui dit Jules Renard

– Il y a des maisons pour ça, répondit Claudel.

•

On demandait à Catulle Mendès ce qu'il pensait du bonheur :

– Ce qu'il y a d'admirable dans le bonheur des autres, c'est qu'on y croit.

– Je me demande seulement si elle t'aimerait sans le sou…

– Mais elle ne me demande jamais d'argent !

– Elle n'a pas le temps, tu lui donnes tout de suite !

DIALOGUES DU FILM
LE CHEMIN DES ÉCOLIERS

•

– Et ce séjour à l'hôpital ?

– Mon plateau ne supporte qu'une infinité de minuscules comprimés, moulés comme des cartouches et baptisés gélules. C'est le régime gélulaire. Mais le public est admis. Ce n'est pas moi qui le dis, c'est une pancarte à l'entrée. J'avais des amis, ainsi donc aujourd'hui ai-je un public. Enfin !

ANTOINE BLONDIN

•

– Regrettez-vous votre liaison avec Madame de Staël ? demandait-on un jour à Rivarol.

– Il faut savoir aimer Madame de Staël pour comprendre le bonheur qu'il y a à aimer une bête, rétorqua le polémiste.

•

Chico : Il avait tellement changé que sa propre mère ne l'aurait pas reconnu.

Un homme : Comment avez-vous fait pour le reconnaître, alors ?

Chico : Mais je ne suis pas sa mère !

LES MARX BROTHERS

•

Jamel Debbouze : Aujourd'hui, ma mère, grâce à ma situation, elle ne travaille plus et...

Laurent Baffie : Et toi, avec le piston que t'as, tu peux pas lui trouver des ménages ?

•

Suite à un conflit quelque peu bruyant dans un bar du littoral, Blondin se retrouve nez à nez avec les forces de l'ordre :

– Vous avez vos papiers ?

– Ils sont restés dans mon costume.

– Vous vous appelez ?

– Mozart.

– Prénom ?

– Wolfgang Amadeus.

– Eh bien, mais vous n'êtes pas français. Je vais vous demander de nous accompagner au commissariat.

– Mexico, Mexiiiiiiiiiiiiiiiiiiiiiiiiiiiiiiii…

– Ta gueule !

PIERRE DESPROGES

•

– Pourquoi ne portes-tu qu'un seul éperon ?

– Quand la moitié du cheval démarre, l'autre suit.

DIALOGUES DU FILM
UN AUTRE HOMME, UNE AUTRE CHANCE

•

De Gaulle présidait une réunion quand, de l'assistance, fut lancé ce cri péremptoire :

– Mort aux cons !

– Vaste programme ! commenta de Gaulle, en plaçant tous les rieurs de son côté.

•

On demandait à Marcel Pagnol le secret de sa forme :
– C'est très simple. Je n'ai jamais touché une cigarette, un verre d'alcool ou une femme avant l'âge de quatorze ans.

•

– C'est quoi pour vous un professionnel ?
– Un professionnel, c'est un type qui fait mal tout ce qu'il ne sait pas faire.

GEORGES WOLINSKI

•

J'ai trouvé les réponses aux trois questions fondamentales existentielles : Qui sommes-nous ? D'où venons-nous ? Où allons-nous ?

À la question : Qui sommes-nous ? la réponse est : Nous sommes Daniel Prévost !

À la question : D'où venons-nous ? je réponds : Nous venons de chez Daniel Prévost !

Enfin, à la question : Où allons-nous ? répondez : Nous allons chez Daniel Prévost !

DANIEL PRÉVOST

•

La cour interrogea le criminel :
– Pourquoi assassinez-vous systématiquement les vieillards à barbe ?
L'accusé ôta sa veste et déchira sa chemise. Sur son torse, profondément tatoué, un Christ en croix agonisait.
Il répondit d'une voix ferme :
– Nous avons eu le fils. On finira bien par avoir le père !

RENÉ DE OBALDIA

•

Un soir, Voltaire, en passant devant chez Piron, qu'il détestait, s'arrêta et écrivit sur la porte d'entrée : JEAN-FOUTRE. Piron, qui était à la fenêtre, le vit faire. Le lendemain, Piron arriva chez Voltaire :
– Je viens vous rendre visite, lui dit-il. J'ai vu que vous étiez venu me voir et que, ne me trouvant pas, vous aviez laissé votre nom sur ma porte.

•

– Attention, j'ai le glaive vengeur et le bras séculier ! L'aigle va fondre sur la vieille buse !
– Un peu chouette comme métaphore, non ?
– C'est pas une métaphore, c'est une périphrase.
– Fais pas chier !
– Ça, c'est une métaphore.

DIALOGUES DU FILM *FAUT PAS PRENDRE LES ENFANTS DU BON DIEU POUR DES CANARDS SAUVAGES*

•

– Vous vous sentez vieux ?
– On s'imagine toujours, et à n'importe quel âge, qu'on sera vieux dans quinze ans.

BILL COSBY

•

Le maréchal de Richelieu, un des héros de Fontenoy, surprit un jour sa femme en flagrant délit d'adultère. Sans se mettre en colère, le libertin lui donna un conseil :
– Fermez du moins votre porte ! Si un autre que moi entrait, vous seriez déshonorée !

•

À propos d'une dégustation de jeunes vins des coteaux champenois : s'il y a des coups de pied aux crus qui se perdent, il y aura également, cette année, des coups de verres à pied aux fûts qui ne seront pas perdus pour tout le monde.

ANTOINE BLONDIN

•

– La différence entre les juifs et les catholiques ?
– Les juifs naissent coupables, les catholiques apprennent la culpabilité à l'école.

ELAYNE BOOSLER

•

– Penser, penser… j'ai perdu l'habitude : il y a quand même vingt-cinq ans que je suis dans la police !

FRANCIS BLANCHE

•

Robert de Montesquiou, croisant une dame qu'il n'avait guère envie de saluer, crut bon d'abréger :
– Comment allez-vous ?
– Très vite.

•

– J'ai vu Régine hier soir, c'est fou comme une bouteille de champagne peut la changer.
– Elle avait bu ?
– Non. Mais moi, oui !

COLUCHE

•

– Bon, ce n'est pas l'Armée du Salut. Sortez !
– Mais c'est des querelles d'amoureux, ça ! Vous êtes marié ? Vous ne vous êtes jamais disputé, vous ?
– Oui, mais jamais à coups de fer à souder.
– Euh, ben, c'est parce que vous n'êtes pas bricoleur !

DIALOGUES DU FILM
LE PÈRE NOËL EST UNE ORDURE

•

– Vous aimez-vous ?
– Non, je n'aime pas mettre dans ma bouche ce que je viens de sortir de mon nez.

SERGE GAINSBOURG

•

On comparait devant Rivarol la beauté de deux jeunes femmes peu farouches, remarquables l'une par la tête, l'autre par son corps :

– Laquelle préférez-vous ? lui demanda-t-on.

– Je préfère sortir avec la première et rentrer avec la seconde.

•

– Vous trouvez que le monde va mal ?

– Oui, et heureusement. Je n'aurais pas supporté d'aller mal dans un monde qui va bien !

GEORGES WOLINSKI

•

Un ami de la mère de Mme Jules Renard lui demandait :

– Quand mènerez-vous votre fille dans le monde ?

– Oh ! les bons chevaux, on vient les chercher à l'écurie : inutile de les mener à la foire.

•

– Profession de votre père ?

– Mort. Il est mort tout de suite. J'avais deux ans.

COLUCHE

•

– Vous aimeriez mourir en scène ?

– Ce serait une belle soirée ! J'aurais adoré qu'on annonce : « Devos est mort ! » au Caveau de la République. Les gens arriveraient, le présentateur dirait : « Mesdames et messieurs, j'ai une fort mauvaise nouvelle à vous annoncer, Devos est mort ! » Puis quelqu'un viendrait et dirait : « Ah, veuillez nous excuser, il n'est pas tout à fait mort. » Les gens : « Remboursez ! Remboursez ! » J'adorerais.

RAYMOND DEVOS

•

Jules Renard fut décoré – enfin ! – mais dans une promotion qui n'était guère brillante. Alphonse Allais s'écria :

– Oh ! vous avez vu, ce pauvre Renard qu'on a décoré dans une rafle.

•

– L'exercice a changé ma vie !

– Je préfère m'atrophier.

DIALOGUES DU FILM
MEURTRES MYSTÉRIEUX À MANHATTAN

•

– Nous sommes tous frères !

– Et ta sœur !

DANIEL PRÉVOST

•

– Vous avez des principes en amour ?
– Vous savez, en matière d'amour physique, les textiles gênent souvent plus que les principes.

PHILIPPE BOUVARD

•

– Vous vous souvenez toujours de la date d'anniversaire de votre femme ?
– Oui, c'est le jour qui suit celui où elle me le rappelle.

JERRY DENNIS

LES ANECDOTES
LES PLUS DRÔLES

Alors qu'il est chef d'état-major de Tsahal, l'armée israélienne, Moshe Dayan est arrêté pour excès de vitesse par un policier militaire. Pour se justifier, il ne trouve qu'à répondre : « Je n'ai plus qu'un seul œil. Que dois-je regarder ? La route ou le compteur ? »

•

Picasso, après la libération de Paris, discutait avec un GI américain qui lui disait qu'il n'aimait pas la peinture moderne parce qu'il ne la trouvait pas assez réaliste. Le peintre ne répondit pas immédiatement mais, quelques minutes plus tard, alors que le soldat lui montrait une photo de sa fiancée, il lui lança d'un air surpris : « Bon sang ! Elle est vraiment aussi petite que ça ? »

•

Un ami d'Albert Einstein lui présente un jour son fils de dix-huit mois. L'enfant dévisage un court instant le scientifique avant de se mettre à hurler. Einstein, en caressant la tête du bambin : « Tu es la première personne depuis des années qui me dise vraiment ce qu'elle pense de moi. »

•

Le pianiste de jazz George Shearing, qui était aveugle de naissance, se retrouva un jour à une intersection de Manhattan durant l'heure de pointe. Il attendait que quelqu'un veuille bien le mener de l'autre côté de la rue lorsqu'il sentit une main sur son épaule. C'était un autre aveugle qui lui demandait s'il ne voulait pas l'aider. Plus tard, Shearing raconta en riant : « Qu'est-ce que je pouvais faire d'autre ? Je l'ai fait traverser. Et ça a été la plus grosse émotion de ma vie. »

•

Le milliardaire Rockfeller passe un jour un appel en PCV depuis une cabine publique. À la fin de sa conversation, la pièce qu'il a mise pour la tonalité ne lui est pas restituée. Il appelle aussitôt l'opérateur pour réclamer son dû. L'employé lui demande alors son nom et son adresse afin de lui envoyer la somme par la poste. « Bien, mon nom est John D. Rock… Bon, oubliez ça. De toute façon vous ne me croirez pas. »

•

Le vicomte de Choiseul colportait les pires ragots sur Mme de Staël. Un jour qu'ils se rencontrèrent dans un salon, la politesse les força à échanger quelques mots et elle s'enquit de sa santé.

– J'ai été très souffrant, madame, j'ai cru m'être empoisonné.

– Ah ! Vous vous êtes mordu la langue ?

•

Winston Churchill assistait à l'inauguration de sa propre statue, lorsqu'un ami le questionna.

– C'est une chose rare qui vous arrive. Quelle impression éprouve-t-on ?

– Je ne peux vous dire qu'une chose, c'est qu'on regarde les pigeons d'un tout autre œil.

•

De passage à Londres, Charlie Chaplin voit un jour dans le journal qu'un concours de sosies de Charlot est organisé dans le quartier de son hôtel. Il s'y rend, anonymement, fait sa démonstration… et finit classé 27e !

•

À propos de Pierre Brasseur :

La dernière fois que je l'ai vu, c'était pendant l'Occupation. Il était l'objet de poursuite de l'État français. Il avait traité en public le maréchal Pétain de vieux con. « Tu comprends, me disait-il, j'ai dit ça spontanément… Et le plus fort c'est que je n'étais pas saoul du tout… Alors, je n'ai même pas d'alibi. Tu vois où ça vous mène la sobriété. » (Cité par Henri Jeanson.)

•

Un producteur demanda un jour à Igor Stravinski d'écrire la musique de son film. Il lui proposa pour ce travail une certaine somme, que le musicien trouva insuffisante.

– Comment, se récria le producteur, mais votre prédécesseur se contentait de cette somme !

– Bien sûr, répondit Stravinski, mais, lui avait beaucoup plus de talent que moi, donc beaucoup moins de travail à fournir.

•

Extrait du journal d'Emil Cioran : « Hier, élection d'Eugène [Ionesco] à l'Académie. Il m'a dit, terrifié : "C'est pour toujours, pour l'éternité." Je le rassure : "Mais non, pense à Pétain, à Maurras, à Abel Hermant et à quelques autres. Ils en furent chassés. Tu auras peut-être aussi l'occasion de commettre quelque acte de trahison." Lui : "Il y a donc de l'espoir." »

•

Claude Chabrol : « Un jour je me suis mis à recevoir des coups de fil à Paris de gens qui me demandaient combien je vendais ma maison en Anjou. Incrédule, je leur répondais qu'elle n'était pas en vente. Jusqu'au jour ou j'ai eu le fin mot de l'histoire, Depardieu était passé me voir un jour là-bas en voisin, trouvant la maison fermée pour les vacances, il y avait accroché un panneau À VENDRE avec mon numéro de téléphone dessus ! »

•

Francis Blanche donnait un jour un cocktail. Parmi nombre de personnalités du spectacle, une jeune comédienne était présente, dont les dernières pièces avaient toutes été des échecs. Francis Blanche se retourna un moment vers la malheureuse pour lui demander : « Veux-tu bien faire passer les petits-fours, toi qui en as l'habitude ? »

•

L'acteur américain Robin Williams, lorsqu'il se vit récompensé par l'Oscar du meilleur acteur pour sa participation au film *Will Hunting*, fit le commentaire en recevant son trophée : « Avant tout, je voudrais remercier mon père, qui est dans la salle, l'homme qui, lorsque je lui ai dit que je voulais devenir acteur, m'a répondu : "Formidable, mais il te faut quand même un métier de secours, fraiseur-tourneur par exemple." »

•

En 1945, le général de Gaulle passe en revue les FFI de Toulouse. La majorité s'est généreusement attribué des grades sous l'Occupation : colonels, commandants et capitaines forment une longue haie. Soudain, le général tombe sur un modeste sergent-chef. Une chose assez insolite pour le faire réagir : « Tiens ! Vous ne savez donc pas coudre vous ? »

•

Réponse d'Alfred Hitchcock à l'actrice Mary Anderson qui lui demandait quel était selon lui son meilleur profil : « Ma chère, vous êtes assise dessus. »

•

L'actrice Bette Davis eut la désagréable surprise d'apprendre par son avocat que la nouvelle de sa mort se répandait à New York. Elle se figea, outrée, puis éclata de rage : « Pour qui me prend-on ? Moi, mourir pendant une grève de la presse ! Hors de question ! »

•

Dans le monde du cinéma, la propension de Marilyn Monroe à arriver très en retard sur les tournages était légendaire. Sur le tournage de *Certains l'aiment chaud*, le réalisateur Billy Wilder aurait eu motif à faire part de son exaspération : retards continuels, air fatigué, méconnaissance du script : l'actrice semblait moins professionnelle que jamais. Toutefois, il en parlait avec détachement : « Ma tante

Minnie, elle, était toujours ponctuelle. Mais qui paierait pour voir ma tante Minnie ? »

•

Richard Nixon signait des exemplaires de son livre *Six crises* dans une librairie en prenant soin de demander à chacun de ses futurs lecteurs à quel nom il devait adresser son autographe. Un homme se présenta : « Monsieur le président, je suis votre septième crise. Mon nom est Stanislaus Wojechzleschki. »

•

Arletty, à la Libération, s'était vu reprocher devant un tribunal d'avoir eu un faible pour un amant allemand. Superbe réponse de l'amoureuse : « Vous savez, monsieur le juge, je ne suis pas très résistante… »

•

Victor Hugo avait un barbier très bavard, qui un jour lui confia, tout en le rasant, son effroi des rumeurs annonçant la fin du monde à courte échéance.

– Ah ! Bon Dieu ! On assure que l'année prochaine, le monde va finir. Le 2 janvier, les bêtes mourront et le 4 ce sera le tour des hommes.

– Vous m'effrayez ! Qui donc alors me rasera le 3 ?

•

Après l'ascension spectaculaire de l'Everest, le guide indien Nawang Gombu, coéquipier de l'Anglais Whittaker, fut pris d'assaut par les journalistes. L'un d'eux demanda :

– À quoi avez-vous pensé une fois arrivé là-haut ?

– À redescendre.

•

Sacha Guitry téléphona un jour à Jean Tissier :

– Cher ami, voulez-vous me faire la joie d'incarner un gardien de musée dans mon prochain film, *Si Paris m'était conté* ?

– Volontiers, Maître.

– Fixez vous-même le montant de votre cachet.

– Eh bien, fit le nonchalant comédien, comme j'ai déjà joué le même rôle dans *Si Versailles m'était conté*, ce qui me plairait, c'est que vous obteniez des Beaux-Arts qu'ils me titularisent, ce qui me donnerait droit à une retraite.

•

Pierre Dac n'oubliait jamais de donner des pourboires. Il demanda un jour au concierge d'un hôtel :

– Auriez-vous cinquante francs à me prêter ?

– Naturellement, monsieur.

– Eh bien, gardez-les. C'était pour vous.

•

L'empereur Auguste voyageant en Grèce y rencontra son sosie. Cette ressemblance l'étonna et il demanda à l'homme :

« Ta mère est-elle venue à Rome avant ta naissance ? » Vexé par cette question qui mettait en doute l'honnêteté de sa mère, l'homme retourna l'accusation : « Ma mère ? Pas que je sache. Mais mon père y allait souvent autrefois... et je suis son portrait tout craché. »

•

Fernand Raynaud venait d'offrir une montre en platine à Jean Nohain. Ravi, celui-ci l'exhiba aux caissières et aux serveurs. Fernand Raynaud murmura à son voisin : « Heureusement que je ne lui ai pas offert un slip ! »

•

Parlant avec son ami le dessinateur Gus Bofa, le polémiste Jean Galtier-Boissière rêvait tout haut :

– Je n'écrirais plus une ligne et je me remettrais à la peinture, si je gagnais les vingt millions de la Loterie nationale.

– C'est votre dernier prix ?

•

William Faulkner s'excusait de ne pas arriver à l'heure à une réception où on l'attendait :

– J'ai été retardé par un mariage.

– Un mariage d'amour ?

– Non, de haine, de haine farouche ! Elle déteste la solitude, et lui déteste la misère.

•

Un procureur voulait rivaliser d'esprit avec Swift et lui posa cette question :

– Monsieur, si le clergé et le diable avaient un procès ensemble, qui des deux aurait l'avantage ?

– Le diable, c'est certain, puisqu'il s'est emparé de tous les avocats.

•

Sous la Terreur, au cours d'une séance du Tribunal révolutionnaire, l'un des juges ajouta une particule au nom de Martainville, un journaliste d'une courageuse impertinence. Ce dernier, qui risquait l'échafaud, garda un calme étonnant et rectifia avec humour : « Je ne suis pas ici pour qu'on m'allonge, mais plutôt parce qu'on veut me raccourcir. » Le président du tribunal, sensible à cet esprit d'à propos, trancha : « Eh bien, qu'on l'élargisse ! »

•

Francis Blanche se promenait un jour avec son ami Jean Carmet dans une de ses grosses Cadillac décapotables. Ne trouvant pas de place pour se garer, il s'arrêta à la hauteur d'une vieille 4 CV délabrée, en plein centre de Paris. Jean Carmet sauta de la voiture, faisant mine de chercher une place. Avisant le tacot, il cria à Francis Blanche, au beau milieu de la foule des grands jours : « Ici, Francis, il n'y a qu'une bagnole de prolo... » La réaction de l'acteur ne se fit pas attendre. Il manœuvra et enfonça l'arrière-train de la Cadillac dans la 4 CV, recommençant à plusieurs reprises, s'acharnant, jusqu'à ce que la pauvre voiture prenne l'aspect d'une œuvre de César. Un attroupement se fit autour de la scène. Devant les badauds indignés, Jean Carmet ne perdait rien de son légendaire flegme, en rajoutant même : « Voiture de minable, véhicule de pauvre, médiocrité… » La police avertie par les passants arriva sur les lieux. Francis Blanche s'offusqua devant les représentants de l'ordre : « Eh bien quoi, on n'a plus le droit de casser ses propres affaires. » Il exhiba alors ses papiers : la 4 CV lui appartenait. Il l'avait achetée spécialement pour l'occasion.

•

En 1841, Phineas Barnum acheta à New York un vieux musée dont il sut presque instantanément faire une attraction majeure… à tel point que la queue qui se présentait chaque matin était si longue que les gens avaient bien du mal à y avancer. Il fallait donc presser un peu les visiteurs et il résolut le problème en plaçant une enseigne devant l'entrée, qui disait : « VERS LA SORTIE ».

•

Lisant l'avis de son décès dans un journal, Rudyard Kipling rédige un courrier à l'adresse de son directeur : « Monsieur le directeur, comme vous êtes généralement bien informé, cette nouvelle doit être exacte. C'est pourquoi je vous prie d'annuler mon abonnement, qui ne me serait désormais d'aucune utilité. »

•

Le politicien américain Henry Ward Beecher prononçait un discours en public lorsqu'un membre de l'assistance se permit de lancer une imitation de cri du coq. La foule éclata de rire et Beecher, sans se démonter, se contenta de regarder sa montre avant de déclarer : « Comme c'est étrange ! Ma montre me dit qu'il est dix heures et pourtant il doit être bien plus tôt. En principe, les animaux les plus vils ont un instinct absolument infaillible. »

•

José Artur raconte : « La petite fille d'un de mes invités a eu un mot superbe. Elle a cinq ans, la famille, à table, discute de la peine de mort ; dans un silence, elle laisse tomber :

– Moi je suis pour la peine de mort…

– C'est ton droit… Mais pourquoi ?

– Ben, quand on est mort, c'est normal qu'on ait de la peine… »

•

L'éditorialiste politique anglais William Beaverbrook avait publié un article assez insultant à l'encontre du député Edward Heath. Ils se rencontrèrent un jour dans les toilettes d'un club londonien qu'ils fréquentaient tout deux. Embarrassé, Beaverbrook l'aborda pour s'excuser :

– Mon cher, j'y ai beaucoup repensé et j'avais tort. Je vous prie de bien vouloir me pardonner.

– Fort bien, grogna Heath. Mais la prochaine fois je préférerais que vous m'insultiez dans les toilettes et que vous vous excusiez dans votre journal.

•

Francis Blanche animait un gala au cours duquel il devait présenter Roger Pierre et Jean-Marc Thibault. Ce qu'il fit non sans malice : « Et voici Roger Pierre et Jean-Marc Thibault ! Vous verrez : il y en a un des deux qui est formidable ! »

•

Jean Yanne : « C'est Géraldine Chaplin qui m'a raconté la plus belle anecdote sur la célébrité. Un jour, elle se promenait dans la rue, en Espagne. Elle croise deux femmes, qui s'arrêtent. L'une lui demande : “Je peux avoir un autographe, s'il vous plaît ?” L'autre se tourne vers son amie :

– Mais qui c'est ?

– Tu ne la reconnais pas ? C'est la fille de Laurel et Hardy ! »

•

L'actrice américaine Tallulah Bankhead avait la réputation d'être une incorrigible bavarde. Un de ses amis, le magicien Fred Keating, sortait d'un rendez-vous avec elle et déclara : « Je viens de passer une heure à parler à Tallulah pendant quelques minutes. »

•

Lors d'une séance de l'Académie française, Benserade s'installa à la place d'un de ses pires ennemis : Furetière. S'asseyant, il lança à la cantonade : « Voilà une place où je vais dire bien des sottises ! » Réplique immédiate de Furetière : « Courage, vous avez bien commencé ! »

•

Le dramaturge George Bernard Shaw envoya un télégramme à Winston Churchill pour la première d'une de ses pièces : « Vous ai réservé deux places pour la première. Amenez un ami, si vous en avez un. »

Réplique télégraphique immédiate du Vieux Lion : « Présence impossible pour la première. Viendrai à la deuxième, s'il y en a une. »

•

Le général Galliffet fut surpris dans le lit d'une femme par son mari. Furieux, l'homme bafoué invectiva le militaire entreprenant et s'apprêtait à le frapper. Galliffet, imperturbable, lança : « Trop tard ! C'est avant qu'il fallait frapper ! »

•

Après avoir reçu un invité, Sacha Guitry, serviable, lui tend une boîte de cigares ouverte. Sans gêne, l'individu en pioche plusieurs qu'il enfourne dans sa poche en expliquant : « C'est pour la route. »

Impassible, Guitry le raccompagne hors de son bureau, lui serre la main et conclut : « Merci d'être venu de si loin. »

•

« Quand j'ai emménagé dans mon nouvel appartement, raconte Sim, une voisine m'a dit : "Oh ! monsieur Sim, vous venez habiter chez nous, comme on va s'amuser !" Elle s'attendait sans doute à ce que je fasse les pieds au mur du jardin, que je traverse le corridor en aboyant. Aujourd'hui, quand je la croise, elle me gratifie d'un petit bonjour un peu sec. Il y a comme un reproche, une déception dans son regard. »

•

Un joueur d'orgue du nom de Petti interprétait sous les fenêtres de Verdi un air de son opéra, *Rigoletto*. Verdi, irrité de voir son œuvre ainsi massacrée, vint lui expliquer qu'il lui fallait respecter le tempo. Dès le lendemain, l'artiste des rues plaça une pancarte avec cette inscription : « Giacomo Petti, élève de Verdi ».

•

Bernard Shaw, chaque année, remplissait consciencieusement sa déclaration de revenus, à un bémol près : À la question : « Partagez-vous vos revenus et, si oui, avec qui ? », le dramaturge n'oubliait jamais de porter la mention : « Oui. Avec mon percepteur. »

•

Le maréchal de Richelieu entre un jour dans les appartements de sa femme et constate qu'elle se livre à l'adultère. Le maréchal reste calme et part après avoir livré un conseil à son épouse : « Pensez du moins à fermer votre porte, Madame. Si un autre que moi entrait, vous seriez déshonoré... »

•

Le compositeur Gluck, se promenant dans Paris, casse par maladresse un carreau de la devanture d'une boutique. Le commerçant sort agonir d'injures le malheureux qui se retient de répondre et tend un écu à l'atrabilaire. Il y en a pour plus du double des frais de réparation et le boutiquier répond qu'il va lui rapporter la monnaie de la somme. Alors Gluck : « Ne vous donnez pas cette peine. » Et le compositeur casse, délibérément cette fois-ci, un second carreau avant de conclure : « Voilà, nous sommes quittes ! »

•

Lloyd George était encore à ses débuts en politique. Le futur Premier ministre anglais prononçait un discours dans une réunion houleuse devant une assistance composée de femmes. L'une d'elles se leva pour l'interrompre et lui crier :

– Si vous étiez mon mari, vous, je vous donnerais du poison !

– Si vous étiez ma femme, madame, je le prendrais !

•

Le corsaire Surcouf fut un jour apostrophé en mer par un amiral anglais qui lui lança :

– Vous vous battez pour l'argent, moi je me bats pour l'honneur !

– Chacun se bat pour ce qui lui manque !

•

Traversant une place de Paris à cheval, Bonaparte trouva une foule hostile. Une femme du peuple, l'apercevant, ameuta les autres :

– Les voilà ! Les voilà ceux qui s'engraissent à nos dépens !

– La mère, regarde-moi et dis quel est le plus maigre de nous deux ?

Comme Bonaparte était mince à l'époque, il mit les rieurs de son côté et passa son chemin.

•

Bernard Grasset parlait avec Jean Cocteau de la suprématie de l'éditeur :

– Oui, Cocteau, l'éditeur est plus important que l'auteur.

– Très juste ! Et vous devriez bien imiter les producteurs de cinéma et annoncer, par exemple, en gros titre : UN LIVRE DE GRASSET, et en petits caractères : Paroles de Mauriac.

•

Guy Bedos se souvient : « L'autre soir, il y a un type qui est passé devant la scène au milieu du spectacle en me murmurant : "Je reviens !" Je l'ai laissé sortir, j'ai tout arrêté et on l'a attendu. Deux mille personnes qui sont restées à l'attendre. Quand il est revenu, il a fait un triomphe. C'est la première fois qu'il avait un tel succès en sortant des toilettes ! »

•

La dernière réplique d'Eugène Labiche fut prononcée quand, âgé de soixante-treize ans, il s'apprêtait à mourir. Son fils lui murmurait avec émotion :

– Papa chéri, tu vas bientôt retrouver maman au paradis. Alors veux-tu lui dire, s'il te plaît, que je pense à elle et que je ne l'ai jamais oubliée.

– Dis donc ! Tu ne pourrais pas faire tes commissions toi-même ?

•

Le prêtre chargé de donner l'absolution à Landru le matin de son exécution eut du fil à retordre ! Comme le condamné le fuyait, le prêtre lui posa finalement la question :

– Croyez-vous en l'existence de Dieu ?

– Monsieur l'abbé, vous n'êtes pas sérieux. Je suis à l'article de la mort, on va me trancher la tête dans deux minutes et voilà que vous me posez des devinettes !

•

L'acteur américain George Raft avait, au cours de sa très longue carrière, gagné beaucoup d'argent, mais à la fin de sa vie ne vivait qu'avec peu. Il s'en expliquait ainsi : « J'en ai dépensé une grande partie au jeu, et puis une autre grande partie sur des chevaux, et une autre grande partie avec des femmes. Le reste, je l'ai gâché stupidement. »

•

La cantatrice suédoise Birgit Nilsson négociait une fois de plus difficilement son contrat avec Herbert von Karajan, qui dirigeait à l'époque l'opéra de Vienne, lorsque son collier de perles se rompit. Karajan et ses collaborateurs se penchèrent pour ramasser les perles éparpillées. Le chef d'orchestre motiva sa troupe en déclarant :

– Nous devons les trouver toutes, messieurs, ces perles très chères, madame Nilsson se les achète avec les salaires élevés qui lui sont versés par le Metropolitan.

– Non, répliqua madame Nilsson, ce ne sont que des imitations que j'ai payées avec les maigres salaires que me verse l'opéra de Vienne.

•

Le polémiste Henri Rochefort était venu un jour témoigner au tribunal pour la défense d'un ami qu'on avait accusé d'homicide envers l'amant de sa femme :

– Je suis sûr, monsieur le président, que l'inculpé n'avait aucune intention meurtrière quand il a surpris les coupables.

– Vous aurez du mal, répliqua le président, à nous faire admettre qu'un monsieur emporte dans sa poche un revolver chargé sans avoir l'idée de tuer !

– Mon Dieu, monsieur le président, j'ai sur moi tout ce qu'il faut pour commettre un attentat aux bonnes mœurs et cependant je vous assure que je n'y songe nullement !

•

À un ami qui lui proposait de se changer les idées en allant au cinéma après le décès de son père, Francis Blanche répondit : « D'accord, mais pas de film en couleurs, je suis en deuil. »

•

Une vieille coquette qui se croyait bien conservée eut la maladresse de demander au marquis de Bièvre :

– Combien d'années me donnez-vous ?

– Oh, madame, vous en avez assez sans que je vous en donne.

•

Un auteur contestait à Samson, comédien et lui-même écrivain, le droit de voter contre sa tragédie lors d'une réunion du comité de la Comédie-Française :

– Vous ne pouvez pas donner votre avis. Vous avez dormi, ne le niez pas, je vous ai vu !

– Mais, monsieur, le sommeil est une opinion !

•

Sim : « Au cours d'un tournage en extérieur, Coluche et moi avions monté un canular dont un hôtelier fut la victime. Nous sommes entrés dans un hôtel très chic, Coluche en salopette et moi, en baronne de la Tronche en Biais. Coluche s'adresse à l'hôtelier :

– Vous n'auriez pas une chambre pour un quart d'heure ?

– Non, monsieur, répond l'hôtelier, ici c'est un établissement honnête. On ne loue pas de chambre pour un quart d'heure !

Coluche se retourne vers moi qui attends timidement à l'entrée : "Eh, ma chérie, il ne loue pas pour un quart d'heure. Tu crois que tu pourrais y arriver en dix minutes ?" »

•

Si l'on en croit Apollinaire, Jarry possédait, sur la cheminée de sa chambre, un monumental phallus de pierre. Une dame de lettres, venue lui rendre visite, aperçut l'objet. Elle le désigna, interrogative :

– C'est une reproduction ?

– Que non, madame, fit Jarry, c'est une réduction !

•

Mourant, sur son lit, Mendelson, âgé de quatre-vingt-dix ans, boursier célèbre, reçoit la visite du rabbin venu l'assister dans ses derniers moments.

– Je ne suis pas encore mort, lui murmure Mendelson.

– Qui parle de mort ? Vous vivrez jusqu'à cent ans, lui dit le rabbin.

Et Mendelson, dans un faible soupir, répond : « Pourquoi voulez-vous que Dieu prenne à cent ce qu'il peut avoir à quatre-vingt-dix. »

•

Une dame demandait à Aurélien Scholl les conditions de survie pendant le siège de Paris en 1871 :

– Est-il vrai que les femmes étaient obligées de manger du chien ?

– Rien de plus vrai ! On espérait même que cela leur donnerait quelques principes de fidélité !

•

En 1947, invité par un magazine américain à faire un reportage sur les États-Unis, Marcel Aymé débarque pour la première fois à Manhattan. Quelques jours plus tard, il répond aux questions d'un journaliste :

– Qu'est-ce qui vous étonne le plus à New York ?

– C'est de m'y voir.

•

Une actrice assez flétrie par les ans confessait son cas de conscience à l'abbé Mugnier :

– Quand je passe devant mon miroir, je m'écrie : « Je suis belle ! » Est-ce un péché ?

– Non… ce n'est qu'une erreur.

•

Un jeune homme vaniteux déclarait à Alfred Capus :

– Moi, je n'ai jamais de rhume de cerveau !

– Cela ne me surprend pas ! Pour ma part, je connais un cul-de-jatte qui n'a jamais de cor aux pieds !

•

Winston Churchill n'éprouvait que de l'antipathie pour le travailliste Clement Attlee, qui lui a succédé aux fonctions de Premier ministre en 1945. On tentait de le raisonner :

– Tout de même, reconnaissez au moins qu'Attlee est modeste.

– C'est vrai, et il a d'ailleurs toutes les raisons de l'être.

•

Un ami commun tenta un jour de réconcilier deux hommes politiques ennemis : Briand et Caillaux. C'est Caillaux qui adressa le premier la parole à son vis-à-vis : « Je vous souhaite tout ce que vous me souhaitez. » Et Briand de jouer l'outragé : « Oh ! voyez, vous recommencez déjà ! »

•

Pierre Dac fit un jour une tentative de suicide en s'ouvrant les veines avec un rasoir. Francis Blanche lui proposa de venir se reposer dans sa villa de campagne. Dac accepta avec plaisir. Toutefois, avant le départ, Francis Blanche crut bon d'apporter une dernière précision : « Je vous préviens tout de même, cher Pierre, que chez moi il n'y a que des rasoirs électriques… »

•

Couvert de dettes, Alexandre Dumas père devait très souvent recevoir les huissiers chez lui. Un ami vint lui demander un louis pour contribuer aux frais d'obsèques d'un voisin, mort très pauvre et... huissier de son état. Quand Dumas connut le métier du défunt, il éclata de rire : « Comment donc ? Pour un huissier ! Tenez, mon cher, voilà deux louis... Enterrez-en deux ! »

•

Le physicien James Franck enseignait à l'université de Göttingen lorsque Robert Oppenheimer, âgé de vingt-trois ans et futur inventeur de la bombe atomique, passa son doctorat. Le jeune homme était plus que doué et James Franck, sortant de l'examen oral qu'il venait de lui faire passer, remarqua avec soulagement : « Je m'en suis sorti juste à temps. Il commençait à m'interroger moi. »

•

Philippe Meyer : « À Bruxelles je devais me rendre à un rendez-vous non loin de la station de métro Mérode. Je prends ce chemin de fer souterrain, je descends à la station Mérode et, à peine sorti du wagon, je constate qu'il y a plusieurs sorties, conduisant à des points apparemment assez éloignés. Ne sachant laquelle choisir, j'avise un employé du métro qui stationnait sur le quai et lui demande : "Pardon, monsieur, quelle sortie dois-je emprunter pour me rendre rue Père-de-Decken ?" Et l'employé de me répondre : "Vous êtes à pied ?" »

•

Jean Amadou : « Guernica, on le sait, inspira à Picasso son tableau célèbre que j'avais vu au musée d'Art moderne de New York où il attendait pour revenir dans le pays d'origine du grand peintre que l'Espagne soit à nouveau une démocratie. Picasso l'a peint en France, et on raconte que, lorsqu'il l'exposa à Paris, un membre de l'ambassade d'Allemagne resta longtemps devant et dit à Picasso : "C'est vous qui avez fait ça ?" Et Picasso lui répondit : "Ah non… c'est vous !" »

•

L'acteur Robert Mitchum était marié depuis trente ans déjà quand on lui demanda le secret d'une telle longévité dans la vie de couple. La réponse fut foudroyante : « Une patience mutuelle. Chacun de nous a tous les jours cru que l'autre allait mieux se comporter le lendemain. »

•

Un jour que l'auteur américain Wilson Mizner jouait au poker, un de ses adversaires sortit son portefeuille et le posa tel quel sur la table en disant : « Je mise tout. » Sans se démonter, Mizner rétorqua en posant une de ses chaussures sur la table : « Puisque nous jouons pour du cuir, je surenchéris. »

•

Au cours d'un dîner, un homme demanda discrètement à Rivarol si la femme qui était en face d'eux était l'épouse de leur voisin de table. Rivarol lui répondit : « Ils ne se sont pas adressé la parole, et donc, ou il ne la connaît pas, ou c'est sa femme. »

•

Coluche : « J'ai été serveur à une époque. Quand un mec me demandait un café fort, je lui servais une tasse d'eau chaude. Le mec gueulait et je lui disais : "Vous voyez, vous, que vous êtes bien assez énervé comme ça !" »

•

Malcolm Muggeridge, l'écrivain et journaliste britannique, confessait avoir peu de temps à consacrer à la politique et avouait même n'avoir voté qu'une seule fois de toute sa vie. « Cette fois-là, il a vraiment fallu que je vote. Il y avait un candidat qui avait été enfermé dans un asile et qui, après vérification, avait été déclaré sain d'esprit. Comment aurais-je pu résister ? Quel autre politicien au monde détient un certificat établissant qu'il est mentalement sain ? Il fallait que je le soutienne ! »

•

Pierre Bénichou : « Claude Brasseur m'a raconté que l'autre jour, alors qu'il jouait sur scène, il y a un téléphone portable qui a sonné dans la salle. Alors il s'est approché de l'avant-scène et il a dit : "Si c'est pour moi, dites que je travaille." »

•

Après une maladie assez grave pendant laquelle Sacha Guitry n'avait pu se faire soigner par son médecin habituel parti en vacances, il dit à celui-ci à son retour : « Ah ! docteur. J'ai failli vous perdre. »

•

L'écrivain américain Ogden Nash avait envoyé à son ami Tom Carlson un exemplaire dédicacé de son dernier livre... que le chien de Carlson avait malheureusement « dévoré ». Carlson se procura un nouvel exemplaire qu'il envoya à Nash en lui expliquant ce qui était arrivé et lui demandant une nouvelle dédicace. Le livre lui revint peu après, agrémenté des lignes suivantes : « À Tom Carlson ou à son chien, selon que ce livre conviendra le mieux au goût de l'un ou de l'autre. »

•

Un jour que le roi d'Angleterre Charles II se promenait sans escorte dans Londres, son frère, le duc d'York, lui fit remarquer que ce n'était pas très prudent. « Rassure-toi, répliqua le roi. Personne dans toute l'Angleterre ne souhaite me voir disparaître, car chacun sait que c'est toi qui serais alors mon successeur. »

•

Alfred Capus avait l'habitude de donner chaque jour une pièce d'un franc à un infirme qui demandait l'aumône près de chez lui. Un après-midi, l'écrivain fouille dans son gousset et ne trouve qu'un modeste sou qu'il tend au mendiant, lequel fait part de sa surprise :

– Oh ! Monsieur Capus !

– Que voulez-vous, mon brave, vous en ferez cadeau à un pauvre !

•

En prenant de l'âge, Puccini devenait de plus en plus acariâtre. Il se brouilla avec Toscanini, car celui-ci avait fait exécuter, avec succès, une œuvre qui n'était pas de lui. C'était Noël et, tous les ans, Puccini envoyait à Toscanini une friandise. Cette année, oubliant qu'ils étaient fâchés, Puccini fit apporter à Toscanini un panettone. Peu après, s'apercevant de son erreur, Puccini télégraphie à Toscanini : « Panettone envoyé par erreur, Puccini. » Et Toscanini de lui répondre : « Panettone mangé par erreur, Toscanini. »

•

En juillet 2001, Eddy Merckx est consultant sur le Tour de France pour la télévision belge. Dans un dialogue étonnant avec Rodriguo Beenkens, un confrère, Eddy s'engage sur un terrain glissant.

– Armstrong est sûr de gagner le Tour de France car sa femme est enceinte. En plus, elle attend des jumeaux.

– Vous êtes sûr que ça a un rapport avec la course ? demande Beenkens.

– Oui, je vous assure ! Quand je gagnais mes Tours de France, Claudine était enceinte !

– S'il suffit d'une galipette pour s'habiller de jaune, ça va nous faire deux cents femmes de coureurs enceintes au départ de Luxembourg l'année prochaine.

•

René Simon, âme des fameux cours d'art dramatique portant son nom, pique un jour une colère contre l'un de ses élèves qu'il jugeait médiocre acteur : « Mon pauvre ami, qu'est-ce que vous allez devenir ? Un comédien raté, au chômage ! Et alors, que ferez-vous ? » L'aspirant comédien, sans se démonter, rétorqua tout de go : « En ce cas, je n'hésiterai pas, j'ouvrirai un cours d'art dramatique ! »

•

Ce misanthrope de Gustav Mahler accueillit sa première fille, Maria, née par le siège d'un : « C'est bien ma fille, elle montre immédiatement au monde le côté qu'il mérite ! »

•

Erik Satie assistait un jour à l'exécution du poème symphonique *La Mer*, de son contemporain Debussy. Après que l'orchestre eut joué le premier mouvement intitulé : « De l'aube à midi sur la mer », Debussy, se penchant vers Satie, lui demanda ses impressions ; ce dernier, toujours spirituel, répondit : « Vers dix heures et demie, c'était vraiment très beau. »

•

Jean-Paul Belmondo évoque ce souvenir en riant : « Quand Jean Gabin tournait un film, il était tellement renommé pour ses colères qu'il régnait, sur le plateau, un silence de cathédrale. Un jour, pendant le tournage d'*Un singe en hiver*, alors qu'on aurait entendu une mouche voler, Gabin a eu un trou de mémoire. Il oublie totalement la réplique qu'il devait me lancer. L'air furieux, il me fait signe de quitter le plateau avec lui et dit au réalisateur, avec une parfaite mauvaise foi : "Quand vous aurez arrêté les marteaux, on reviendra." »

•

Le célèbre tableau *La Cène* fut un chantier de plusieurs années. Alors qu'il désespérait de trouver un modèle qui accepte de prêter pour la postérité ses traits à Judas, Léonard de Vinci rencontra un soir un clochard dans une rue malfamée, dont la physionomie lui sembla parfaite pour incarner Judas. Il l'engagea donc, le clochard posa, Léonard commença à travailler avant de s'arrêter, quelques jours plus tard, l'air intrigué et de demander à son « Judas » :

– Nous nous sommes déjà rencontrés, n'est-ce pas ?

– Oui, répondit le modèle, il y a au moins sept ans de cela. Vous m'aviez fait poser pour Jésus.

•

René Clair s'indignait du dédain dans lequel la critique tenait Laurel et Hardy, pour lesquels il avait la plus grande estime. Présentant un de leurs films, dans un ciné-club, en province, il le fit en ces termes : « Laurel et Hardy, ces deux comiques qui n'ont jamais fait rire personne… sauf le public. »

•

À propos de son père, Sacha Guitry raconte ceci : « Avant de donner une réplique, il lui arrivait parfois de rester une demi-minute sans parler – et c'était saisissant. Il jouait un jour une pièce dramatique d'un auteur célèbre, et quelqu'un le complimenta en ces termes : "Quand vous dites le texte, monsieur Guitry, vous êtes merveilleux... mais c'est dans les silences que vous êtes particulièrement admirable !" Et Lucien Guitry répondit : "C'est parce que les silences sont de moi !" »

•

À la fin d'un dîner mondain, la maîtresse de maison demande avec insistance à l'un de ses invités, Maurice Ravel, de se mettre au piano. À bout d'arguments, celui-ci s'exécute. Il interprète une de ses œuvres célèbres, s'interrompt quelques minutes avant la fin et laisse tomber, en quittant le piano : « Je n'ai pas aimé le dessert ! »

•

Le jour de la première d'une pièce d'un de ses confrères, Georges Feydeau, discrètement, filait avant la fin.

Un contrôleur le vit :

– Monsieur Feydeau, il y a encore un acte...

– C'est pour ça que je m'en vais, lui répondit Feydeau.

•

L'avocat irlandais John Norbury voyageait avec un autre avocat, John Parson, dans la voiture à cheval de ce dernier, lorsqu'ils croisèrent soudain un gibet auquel pendait encore un corps. Alors Norbury, saisi par la mélancolie, soupira : « Ah, Parson, si nous étions tous punis selon nos fautes, qu'adviendrait-il de nous ? » Réponse de son voisin : « Je serais seul dans ma voiture. »

•

Vers la fin du XVIIIe siècle, James Northcote était déjà un peintre très célèbre lorsque le duc de Clarence (qui allait devenir roi d'Angleterre) lui demanda s'il connaissait le prince-régent. Northcote dit que non. Le duc parut surpris :

– C'est étrange, mon frère dit qu'il vous connaît.

– Il se vante, tout simplement.

•

Le compositeur Offenbach renvoya un jour son valet mais en lui donnant de si bonnes références qu'un ami lui demanda avec étonnement pourquoi il l'avait laissé partir. « Oh, c'est un brave homme, répondit Offenbach. Mais il ne convient pas à un compositeur. Il époussette mes vêtements tous les matins devant ma porte, mais avec un tempo inexistant. »

•

Malgré une filmographie impressionnante et un grand nombre de fans, Paul Newman n'avait toujours pas été récompensé par l'Oscar jusqu'à ce que, à la fin des années 1980, on lui accorde un prix spécial pour «l'ensemble de son œuvre», distinction qu'on accorde plus généralement à des acteurs beaucoup plus âgés et souvent retirés des plateaux de tournage. En remerciant l'Académie, Newman déclara: «Je vous remercie beaucoup de m'avoir accordé cet Oscar sans l'avoir au préalable enveloppé dans un certificat de concession pour le cimetière de Forest Lawn.»

•

Une jeune femme demandait à Robert Peary, l'explorateur polaire:

– Mais comment sait-on exactement qu'on a atteint le pôle Nord?

– Rien de plus facile, répliqua Peary, un pas après avoir passé le pôle, le vent du Nord devient un vent du Sud.

•

L'homme d'État et écrivain Massimo D'Azeglio avait épousé en secondes noces Luisa Blondel, mais ce mariage avait périclité et ils s'étaient vite séparés très fâchés l'un envers l'autre. Apprenant quelques années plus tard qu'il était mourant, Luisa Blondel se précipita toutefois à son chevet. Le marquis D'Azeglio l'accueillit en soupirant: «Ah, Luisa, décidément, tu arrives toujours au moment où je pars.»

•

Henri Rochefort fut provoqué en duel par un écrivain assez peu lettré. En conséquence, il fit connaître ses conditions : « Je le veux bien, mais nous nous battrons à l'orthographe. »

•

Dans un salon, après un dîner copieux, Rivarol s'était assoupi. Près de lui, un homme dit un peu trop fort aux invités : « Laissons-le dormir, ne parlons plus. » Rivarol ouvrit alors un œil et lança : « Surtout pas ! Si vous ne parlez plus, je ne dormirai pas ! »

•

À la question : « Êtes-vous snob ? », que lui posait un journaliste, Jean Dutourd répondit ceci : « Mon père était dentiste. Mon grand-père, instituteur et mon arrière-grand-père, paysan. Impossible dans ces conditions de ne pas être snob. »

•

Fernandel allait souvent au cinéma voir ses propres films. Un jour où il était en compagnie de son ami Jean Nohain, il lui confia : « Il n'y a que moi pour me faire rire comme ça. »

•

Sacha Guitry : « Le bruit s'est répandu que j'avais été opéré, et d'autre part, la promotion de l'Instruction publique vient de paraître, et me voilà officier de la Légion d'honneur – ce qui fait que, journellement, je reçois douze ou quinze dépêches qui semblent contradictoires. En effet, les unes me disent : "Suis enchanté de la bonne nouvelle" tandis que d'autres me déclarent : "Suis désolé de ce que je viens d'apprendre". Et je ne sais jamais si l'on me parle de ma rosette ou de mon opération. »

•

Jacques Chazot raconte que la courtisane Liane de Pougy avait un jour reçu un coup de pistolet aux fesses, tiré par un amant qui cumulait les défauts : colérique, trompé, jaloux et militaire. La pauvre était allée consulter un médecin : « Docteur, est-ce que cela se verra ? » Et le praticien de répondre : « Madame, cela dépend entièrement de vous. »

•

Le comte de Bonicelli, un riche Italien du début du siècle précédent, eut une prise de bec avec un cocher de fiacre romain qu'il finit par gifler. L'affaire ne s'arrêta pas là car le cocher porta plainte. Au tribunal, Bonicelli fut condamné à cinquante lires d'amende. Il tira donc de son portefeuille un billet de cent lires qu'il tendit d'une main au cocher réjoui et, de l'autre, lui prodigua un deuxième soufflet avec cette justification : « Gardez tout, vous êtes payé ! »

•

Georges Feydeau dialoguait avec un directeur de salle qui avait soudainement fait fortune :

– Tu vas pouvoir soigner ta toilette !

– Mais... je prends un bain tous les matins !

– Dans ce cas, maintenant, tu vas pouvoir changer l'eau.

•

Voici le texte d'une petite pancarte qu'Alphonse Allais accrochait à la porte de son appartement quand il voulait rester seul chez lui : « M. Alphonse Allais étant rentré ce matin à la première heure du jour en état d'ébriété manifeste s'excuse auprès des visiteurs éventuels de ne pouvoir accueillir décemment personne avant l'heure sainte de l'apéritif, catégorique et crépusculaire. »

•

Un soir d'ivresse, un ami de Francis Blanche lui confie sous le sceau du secret avoir un jour, pris d'une envie urgente, déféqué sur son balcon, ses toilettes étant occupées. Le comique promet de n'en dire rien à personne. Invité à une soirée chez ce même ami quelques semaines plus tard, Francis Blanche ne fait aucune allusion à la récente confession. Ce qui rassure mais étonne l'ami, habitué aux frasques de l'acteur. La fête terminée, les invités partis, quelle ne fut pas la surprise de celui-ci de trouver un petit écriteau réglementaire déposé sur la porte du balcon au début de la soirée : « Prière de laisser ces lieux dans l'état où vous souhaitez les trouver en entrant. »

•

– Vous êtes pour l'égalité des sexes ? demandait-on à Thierry Le Luron, lors d'une émission de radio.

– Oui. Et je prendrai moi-même les mesures.

•

Raymond Devos : « Un spectateur m'a fait remarquer à l'entracte que je n'avais pas encore employé le mot "cul". "Vous n'êtes pas contre ?" Je lui ai répondu simplement : "Je n'ai pas su où le placer." »

•

Forain se trouvait, lors d'un repas mondain, placé à côté d'une dame qui avait notoirement très mauvaise haleine. La dame, qui connaissait l'esprit acerbe du dessinateur, n'osait ouvrir la bouche. Et lui la guettait. Après les plats de résistance et la salade, on apporta un plateau de fromage odorant que l'on place entre eux deux. Il se retourna alors vers sa voisine : « Vous dites ? »

•

Fatigué et âgé, Yves Mirande confie à un ami lors d'un enterrement : « Je crois, mon cher, que c'est la dernière fois que je viens ici en amateur. »

•

Pierre Richard : « Un jour, j'ai joué un rôle de motard, dans *La Raison du plus fou*, avec Ventura. En attendant le tournage, je m'étais mis au péage de l'autoroute… en costume… eh bien, c'est quelque chose, croyez-moi ! Je n'avais besoin de rien faire… je ne bougeais pas !… enfin… j'ai bien fini par lancer un petit regard sur les phares… histoire de faire monter un peu la température dans les voitures… et croyez-moi, ça montait… sauf les conducteurs qui, eux, avaient plutôt tendance à glisser sous le volant. Du coup, forcément, je me suis pris au jeu… Le lendemain, tant que j'y étais, je m'attardais un peu sur les pneus… là, c'était la panique ! Ça s'engueulait ferme, à l'intérieur ! "Je t'avais bien dit de changer les pneus !" Le surlendemain, je faisais carrément le tour du véhicule, et je suis sûr que si on avait tourné une semaine, je finissais par les emmener au poste. C'est grisant, cette saleté de sentiment de puissance !… Le costume est sournois, soyons vigilants… »

•

Frédéric le Grand, roi de Prusse et grand batailleur, posa un jour cette question ironique à l'un de ses médecins : « Répondez-moi franchement, combien avez-vous tué de gens dans l'exercice de votre art ? » Réponse du berger à la bergère : « Trois cent mille de moins que Votre Majesté. »

•

Le dramaturge autrichien Hermann Bahr reçut un jour d'un jeune poète une tragédie historique accompagnée d'une requête écrite : « Si vous y trouvez quelques fautes, je vous demande de me dire la vérité. Les critiques venues d'une source aussi judicieuse que la vôtre m'anobliraient. » Bahr retourna le manuscrit avec ce court commentaire : « J'aimerais faire de vous au moins un archiduc. »

•

Devant l'insuccès du théâtre ouvert à son nom, rue du Rocher, à Paris, Tristan Bernard réagissait avec une merveilleuse élégance : « On frappe les trois coups, un par spectateur. »

•

Groucho Marx, assis près d'une femme au physique de cantatrice lors d'un dîner, complimente celle-ci :

– Vous savez, ma chère, que vous devenez chaque jour plus jolie !

– Vous exagérez, monsieur Marx !

– Vous avez raison, lui dit-il. Mais admettez que vous ne pouvez guère devenir plus laide.

•

Claude Chabrol: «Il y a un rite quand je tourne. Je fais le gueuleton traditionnel de fin de tournage non pas à la fin mais au milieu du tournage. Et à la fin, je monte sur ma chaise et je chante, faux bien entendu, le grand air de Nilakantha, extrait de *Lakmé* de Léo Delibes, et tout le monde a le droit et le devoir même de m'envoyer à la gueule tous les projectiles qui leur tombe sous la main: feuilles de salades, biscuit sec, sucre en poudre, etc. Ils se défoulent et en général cela est bénéfique à l'ambiance de la seconde moitié du tournage.»

•

Le général anglais Montgomery sautait un jour dans un taxi londonien en lançant simplement au chauffeur:

– Waterloo, s'il vous plaît.

– La gare?

– Certainement, il est un peu trop tard pour la bataille.

•

Jean Yanne raconte: «Une des plus belles histoires vraies que je connaisse se passe en partie dans un wagon-restaurant. Je l'ai lue un jour dans le journal. La scène se passe en 1975, un type veut se suicider. Il monte dans un train, le train démarre, le type attend qu'un autre train se profile à l'horizon, il ouvre la porte et il se jette au moment où l'autre train passe en sens inverse. Mais au lieu de passer sous les roues du train, il y a un appel d'air et le type ne touche pas terre, il est ballotté d'un train à l'autre, comme une balle de flipper. Finalement, sa jambe touche terre, elle passe sous les roues du train, elle est sectionnée, du fait de l'appel d'air, elle remonte et repart, elle est elle aussi ballottée d'un train à l'autre, jusqu'à ce qu'avec la vitesse, elle casse l'une des vitres du train d'en face, et là il y a un mec qui est au wagon-restaurant, il bouffe peinard, il prend la godasse en pleine gueule. Et il est mort. Et l'autre est debout sur une patte, plus loin sur les rails. Des gens ont tiré la sonnette d'alarme, on est allé chercher le suicidé, qui aujourd'hui a une jambe de bois mais il est bien vivant. Quant au mec qui était au wagon-restaurant, lui il est mort d'un coup de pompe dans le train. »

•

Eva Perón, avant d'épouser le président argentin Juan Perón, avait été une actrice belle et peu scrupuleuse. Elle avait su manœuvrer avec ses nombreux amants pour arriver au sommet. Un jour, au cours d'une tournée diplomatique en Europe en compagnie d'un amiral en retraite, elle arriva à Milan. Dans la rue, la foule se moquait d'elle. « Ils m'ont traitée de putain ! Vous vous rendez compte ? De putain ! » Le vieil homme, flegmatique, répondit : « Vous savez, moi je ne suis pas allé en mer depuis quinze ans et on m'appelle bien toujours amiral. »

•

Picasso recevait un visiteur dans son atelier et lui montrait un tableau, encore en travail, sur lequel l'homme s'extasiait :

– C'est un chef-d'œuvre !

– Non, le nez ne va pas, répondit l'artiste.

– Alors pourquoi ne le retouchez-vous pas ?

– Impossible, je ne le trouve pas.

•

Mozart fut un jour approché par un tout jeune homme qui souhaitait lui demander des conseils sur la composition d'une symphonie. Mozart lui répondit qu'il le trouvait un peu jeune pour cela et lui conseilla plutôt de commencer par composer des ballades. Le jeune aspirant musicien parut surpris :

– Mais, Maître, vous avez vous-même écrit des symphonies à l'âge de dix ans…

– Oui, mais moi, je n'ai pas eu à demander comment il fallait faire.

•

Raccompagnant à sa résidence de vacances son voisin et ami, l'académicien Armand Lanoux, Francis Blanche croisa une jeune créature la jambe dans le plâtre qui marchait avec des béquilles sur le bord de la route. Il s'arrêta et lui déclara : « Mon ami retourne à Saint-Jean-Cap-Ferrat, moi je vais à Èze. Et vous, vous rentrez sur cannes ? »

•

L'acteur Gregory Peck entra un jour, accompagné d'un ami, dans un restaurant bondé où on lui annonça qu'il ne restait aucune table libre.

– Dis-leur qui tu es, murmura son ami.

– Quand on est obligé de dire qui on est, c'est qu'on est personne.

•

Jean Rochefort : « Tournage de *L'Homme du train*, notre hôtel est dans la banlieue d'Annonay, autant dire le bout du monde, surtout pour Johnny. Il est vingt et une heures. Nous dînons avec son photographe et son préparateur physique dans une salle à manger faussement luxueuse, suréclairée avec des néons partout. Un séminaire de trente garçons avec attaché-case, ventre encore plat, cravate, entre dans la salle à manger. Ils s'installent. Les chaises grincent. On rigole, quand l'un d'eux pose son regard sur nous et voit… Johnny. Silence complet, chuchotements, les types passent leur temps à se planter leur fourchette dans la joue parce qu'ils le fixent. Pour eux, c'est un grand événement. Johnny reste lui-même et, au cours de la discussion, il me dit : "Dis donc, Jean, ma femme descend vendredi prochain. Elle m'a fait un potage au potiron. Tu veux qu'elle t'en descende une Thermos ?" Les trente types ont été détruits par cet aveu ! Les fourchettes sont retombées. C'était foutu. Johnny serait comme nous ? »

•

Samuel Morse, l'inventeur du code portant son nom, était aussi un peintre reconnu, quoique peut-être à tort. Un jour qu'il montrait à un ami le portrait qu'il avait fait d'un homme mourant, il lui demanda ce qu'il en pensait. L'ami, qui se trouvait être médecin, regarda attentivement la toile avant de répondre : « Malaria. »

•

L'explorateur écossais Mungo Park avançait péniblement et dangereusement dans une région inconnue d'Afrique lorsqu'il eut la surprise de voir un gibet. Plus tard, il remarquera : « La vue de cette potence m'a procuré un plaisir exquis, parce qu'elle prouvait bien que j'approchais d'une société civilisée. »

•

Un dialogue entre Galtier-Boissière et Yves Mirande où ce dernier évoquait une de ses règles de conduite :

– Moi, les femmes d'amis, c'est sacré ! Je n'ai jamais couché avec la femme d'un ami !

– Alors, entre nous, tu n'as pas dû avoir beaucoup de femmes ?

– Non, j'ai eu très peu d'amis.

•

Raymond Devos raconte : « À cinquante-cinq ans, je me suis dit : "Tiens, je vais apprendre la harpe !" J'ai trouvé un professeur de harpe, une dame très bien, d'un certain âge. Après mon premier cours je n'ai pas pu résister, je lui ai demandé :

– Vous ne trouvez pas cela gênant d'apprendre la harpe à un homme de mon âge ?

– Oh, pas du tout, pourquoi ? J'ai des élèves qui sont plus âgés que vous, surtout des dames.

Que ça m'a fait plaisir ! Je lui ai demandé : "Et ces dames, elles sont arrivées à un résultat ?" Elle m'a répondu : "Oh non, jamais !" »

•

Tristan Bernard discutait un jour avec un ami d'une actrice dont les scandales amoureux avaient bien des années auparavant défrayé la chronique. L'ami en vint à une indiscrétion :

– Maintenant qu'elle est vieille, elle s'adonne au spiritisme.

– Elle fait parler sa table ? Elle ferait mieux de faire parler son lit, ce serait bien plus amusant.

•

À soixante ans passés, un admirateur rencontre Alexandre Dumas et se répand en éloges :

– Vous, cher maître ? Ah ! Quel bonheur de vous voir ! Eh ! vous avez une mine superbe ! Vrai, vous rajeunissez !

– J'y ai mis le temps !

•

Sim se souvient d'un fan casse-pieds et tenace : « Il me dit :

– Si vous passez par Bordeaux, venez loger à la maison. Ma famille vous adore.

– Non, merci, réponds-je, je fais toujours des rapides allers et retours en voiture pour mes galas.

– Ah bon ? Mes beaux-parents ont une maison à Arcachon. Si vous voulez y passer des vacances…

– Non, merci, cet été, je vais suivre le Tour de France en voiture.

– Ah bon ? Alors, si vous avez un accident de voiture dans la région, ma femme est infirmière en chef dans un hôpital de Bordeaux. Elle se fera un plaisir de vous y recevoir… »

•

Gagnant la ville d'Amiens après une chevauchée longue et fastidieuse, Henri IV se voit accueilli par le premier magistrat de la ville qui se lance dans un discours emphatique :

– Très grand, très bon, très valeureux, très clément, très magnifique souverain…

– Ajoutez ceci : très fatigué. Je vais me coucher et j'écouterai le reste une autre fois.

•

Francis Blanche soigna jusqu'à ses dernières paroles. Victime d'un coma diabétique, il reprit conscience une dernière fois une demi-heure avant son décès. L'interne de service lui demanda alors : « Comment vous sentez-vous ? » Mourant, Francis Blanche trouva la force de murmurer : « Comment je me sens ? Mais avec mon nez ! »

•

Sim : « À la terrasse d'un bistrot, je dis au patron : “J'ai envie de prendre quelque chose de bien frais.” Il me répond : “Dans ce cas, ne prenez pas ma femme !” »

•

Les notes de frais d'Antoine Blondin pour le journal *L'Équipe* sont restées fameuses. Elles ne mentionnaient toutes qu'une seule et unique dépense : des verres de contact, tous, évidemment à régler à divers débits de boissons.

•

Jean Amadou : « Dans *Le Figaro* cette semaine : "Bar-le-Duc. Églises incendiées. Un mineur de seize ans a avoué avoir mis le feu aux autels de trois églises de Bar-le-Duc (Meuse) aux mois de novembre et de décembre 1997. Cet adolescent a reconnu aimer beaucoup le feu. Il a été placé dans un foyer." C'est le moins qu'on pouvait faire pour le rendre heureux. »

•

Un animateur de radio fait réagir Jean Yanne, invité pour la promotion d'un de ses livres, sur l'actualité du jour :

– Vous connaissez John Babitt, l'Américain dont la femme a tranché le sexe avec des ciseaux ?

– J'aurais préféré avec un sécateur, pour ma part, réponds Jean Yanne.

– Pourquoi cela ?

– Parce qu'avec des ciseaux, c'est long, faut faire le tour !

•

On chatouillait beaucoup Alexandre Dumas au sujet de ses « nègres ». Un jour qu'on lui demandait ironiquement si son dernier roman était de lui, l'auteur répliqua : « Hélas oui. J'employais mon valet de chambre à cette besogne, mais le drôle, étourdi par ses succès, m'a demandé de tels gages que je me suis vu forcé de travailler pour lui. »

•

Le dramaturge Laharpe, un auteur du XVIIIe siècle, menaçait un de ses ennemis d'en faire un personnage d'une pièce :
– Oui, monsieur, je vous jouerai en plein théâtre.
– Ah ! monsieur, la vengeance est bien cruelle : quoi ! vous me feriez siffler ?

•

Fernandel et Sacha Guitry répétaient une pièce de ce dernier, *Tu m'as sauvé la vie*. Leur amitié s'était accrue au fil des semaines de répétition. Guitry questionnait Fernandel sur sa vie privée :
– Dites-moi, vous êtes marié ?
– Oui, maître, depuis vingt-trois ans.
– Je vous bats, mon cher ! Moi, ça fait quarante-trois. Bien sûr, il m'a fallu quatre femmes pour ça !

•

Francis Blanche avait coutume d'enchaîner très rapidement ses activités de la journée. Écriture, radio, cabaret, théâtre, plateau de cinéma, il passait de l'un à l'autre à un rythme d'enfer. Convié un jour à animer en banlieue un gala de charité devant débuter très peu de temps après la fin de son spectacle de cabaret, il se précipite, en compagnie de l'équipe des Branquignols, encore maquillés, perruqués et costumés, dans quelques voitures qui les attendent. Très vite le petit convoi est pris dans les embouteillages. Voyant le temps passer, Francis Blanche, déguisé, par un bien opportun hasard, en gardien de la paix, jaillit de son véhicule et entreprend, avec un aplomb des plus professionnels, de dégager la voie afin de faire place à la petite caravane. Le quartier encore plus paralysé qu'avant mais la voie libre pour lui et ses amis, il salue les automobilistes dociles à coup de képi avant de sauter dans sa voiture et de se remettre en route pour le gala.

•

Arpentant avec Marcel Pagnol les rues chaudes de Marseille, un habitant de la deuxième ville de France lui dit :

– Tu vois, cette prostituée, je l'ai toujours vue là, à cet endroit. Je crois même que c'est elle qui a inventé la vérole.

– Qu'est-ce qu'elle a dû toucher comme droits d'auteur !

•

Fernand Raynaud se fait arrêter par la maréchaussée pour excès de vitesse. On lui demande ses papiers. Sous son nom, profession : « comique ». Le flic le regarde : « Prouvez-le. »

•

Charlie Chaplin demande un jour à Groucho Marx :

– Tu te souviens de la première fois où tu as fait l'amour ?

– Oui, lui répond Groucho Marx, j'ai encore le reçu.

•

L'animateur de radio José Artur ayant besoin un jour de joindre Francis Blanche téléphona chez lui. Une femme décrocha à qui il demanda s'il pouvait parler au comédien.

– Il n'est pas là, répondit-elle.

– Puis-je le joindre plus tard dans la soirée ?

– Ça m'étonnerait. Ça fait plus de huit ans qu'il n'est pas rentré le soir !

•

Réponses de Jean Rochefort à un entretien télévisé :

– Pour pleurer dans une scène, à quoi pensez-vous ?

– À ma vie sexuelle.

– Et pour rire ?

– À ma vie sexuelle.

•

Claude Chabrol : « À vingt-quatre ans, j'ai soudain l'impression que tout ce qu'on m'avait fait avaler concernant la religion catholique était une terrible connerie. On m'avait menti sur le bien, sur le mal, sur la culpabilité, etc. J'ai donc décidé de me déchristianiser. Et je me suis mis à faire de fausses confessions pour me défouler. Je rentrais dans les églises, j'allais au confessionnal et je racontais au prêtre les pires horreurs qui me passaient par la tête. Je disais que j'avais couché avec une femme mariée, je rentrais dans les détails, je déballais toutes les énormités possibles puis je m'en allais dans un ricanement méphistophélique. Ça a duré quatre ans. »

•

Jeanne Lanvin, la fondatrice de la maison de couture, parlait un jour avec une milliardaire américaine qui jugeait avec mépris le comportement des élégantes Françaises :

– À Paris, vous suivez la mode comme un chien suit ses maîtres !

– Et à New York, vous la suivez comme un aveugle suit son chien.

•

Sim se souvient : « Au cours d'un souper après nos spectacles, Jacques Martin, Jacques Brel et moi-même faisions un tour d'horizon sur les aléas de notre métier. Martin et moi n'avions pas arrêté de nous plaindre des difficultés financières que nous rencontrions. Seul, Brel nous disait être parfaitement heureux de son sort. Lorsque nous nous sommes séparés, Jacques Martin est monté dans sa Porsche, moi dans ma Jaguar et Jacques Brel dans sa... 2 CV. »

•

Sacha Guitry : « Nous avions un parent pour lequel mon père avait peu d'amitié. Le pauvre homme mourut un jour – et nous l'avons accompagné jusqu'à sa dernière demeure qui était extrêmement éloignée de la précédente. Il avait fallu se lever de grand matin, il faisait extrêmement chaud et nous marchions depuis bientôt une heure, lorsque mon père se tourna et me dit, à voix basse, d'une inexprimable manière : “Je commence à le regretter !” »

•

Un écrivain de troisième ordre présentait un jour sa nouvelle œuvre à Alfred Capus.

– Cher ami, voici mon dernier livre.

– Le dernier ? Parfait ! Parfait !

•

Libéré par le Régent qui l'avait fait embastiller auparavant, Voltaire reçoit de son tourmenteur et bienfaiteur des conseils mêlés de réprimandes :

– Soyez sage et j'aurai soin de vous.

– Je vous suis infiniment obligé, mais je supplie Votre Altesse de ne plus se charger de mon logement ni de ma nourriture.

•

Un sénateur nommé Chesnelong prononçait un discours interminable, au point que même ceux de son parti en vinrent à lui lancer :

– Reposez-vous ! Reposez-vous !

– Non, non, je vous remercie, je ne suis pas fatigué !

– Alors reposez-nous ! lança Clemenceau de son siège.

•

Francis Blanche collectionnait les plaques de noms de rue, afin de décorer les murs de sa maison. Constatant un jour que les W-C étaient dépourvus de ce type d'ornements, il décide de se procurer la plaque la plus adéquate aux lieux, celle de la place Blanche. Vêtu en ouvrier, il se rend donc en compagnie de Pierre Arnaud, avec une voiture à bras et une échelle, sur la place en question en plein après-midi. Au moment où ces faux employés municipaux commencent à dévisser la plaque, arrive un agent de police. Ceux-ci sont pris d'une frayeur bien compréhensible, qui se transforme en éclat de rire intérieur lorsque le brave fonctionnaire leur propose de les aider. La mission accomplie, ce dernier, empreint d'une remarquable conscience professionnelle, fait remarquer aux deux acolytes étourdis qu'ils oublient les autres plaques, les obligeant à faire le travail jusqu'au bout et à subtiliser les sept plaques de la place.

•

Casanova et le maréchal de Richelieu assistaient à un spectacle de l'opéra. Deux actrices arrivent alors sur scène lorsque le maréchal questionna Casanova :

– Laquelle des deux trouvez-vous la plus belle ?

– Celle de droite, monsieur.

– Mais elle a de vilaines jambes.

– On ne les voit pas, monsieur ; et puis, dans l'examen de la beauté d'une femme, la première chose que j'écarte, ce sont ses jambes.

•

Le dessinateur Forain s'opposait assez farouchement à Robert de Montesquiou, qu'il baptisait « Grotesquiou ». Dans un dîner mondain, Montesquiou racontait sa première ascension en ballon : « Curieuse impression, je ne sentais absolument rien. Je voyais seulement la terre qui me fuyait... » Commentaire marmonné de Forain : « Je comprends ça. »

•

Au moment du salut final d'une pièce sans finesse, une spectatrice, assise à côté de Marcel Achard, applaudissait bêtement à tout rompre. L'auteur dramatique, qui ne partageait pas l'enthousiasme de la dame, lui lança : « Alors, comme ça, on se réchauffe ? »

•

Antoine Blondin disparaît le 10 juin 1991. La cérémonie religieuse a lieu quelques jours plus tard à Saint-Germain-des-Prés. *France-Soir* titre le lendemain : « Même l'église était bourrée ».

•

Barbara Hutton, une milliardaire américaine, se plaignait de graves insomnies. Son médecin lui prodigua ce conseil : « Le mieux est encore d'avoir recours au vieux truc des moutons : vous savez, avant de s'endormir, on les compte... » La milliardaire fit grise mine en entendant cette prescription. Le docteur s'empressa de préciser : « Naturellement, en ce qui vous concerne, vous pouvez fort bien compter des visons. »

•

Entretien avec Claude Chabrol :

– Il y a un critique qui s'appelle Dufreigne à *L'Express* et un des personnages de votre film, un actionnaire de la fabrique de chocolat, s'appelle également Dufreigne…

– Oui. Et Isabelle Huppert le traite de vieux con.

– Et vous dites maintenant que dans chacun de vos films il y aura toujours un Dufreigne, que là vous avez été relativement sympa mais que ce sera de pire en pire pour lui.

– Oui, exactement, ça m'amuse beaucoup… Dans mon prochain film, un Dufreigne meurt dans d'atroces souffrances.

– Et quelle est la raison ? On dit que c'est parce qu'il a écrit dans un de ses papiers que vous préfériez manger plutôt que tourner…

– Ah non, ça, c'est pas grave. Mais dans cet article, justement, il m'a mis en scène à table et il m'a fait manger des œufs à la neige après une andouillette. Et ça, c'est une hérésie. Je ne lui pardonnerai jamais…

•

Dans les années 1970, une journaliste radiophonique pugnace, Anne Gaillard, combat pour les droits des consommateurs et se rend célèbre pour son dynamisme, voire son agressivité à l'encontre des organismes qu'elle juge malhonnêtes. Au cours d'une émission où le ton monte, elle tient à préciser qu'elle est une femme comme les autres : « Si vous voulez savoir, je suis même mariée. » Gérard Klein, qui participait au débat, lance alors : « Contre qui ? »

•

Francis Blanche arrive un jour devant deux pompistes, leur demandant de bien vouloir l'aider à pousser jusqu'à la pompe sa voiture victime d'une panne sèche à quelques mètres de là. Ceux-ci obtempèrent et la «grosse américaine» arrivée à destination, un des employés prononce la formule rituelle :

– Du super ?

– Mais non, voyons, de l'eau ! leur réplique Francis Blanche, indigné.

Ceux-ci croient d'abord à une plaisanterie, mais devant l'indignation vite transformée en fureur de leur interlocuteur se plient au désir de celui-ci et commencent à verser une dizaine de litres d'eau dans le réservoir.

Francis Blanche les interrompt un instant dans leur tâche incongrue et jette plusieurs cachets d'aspirine dans le réservoir «pour que le carburant soit plus efficace» avant de les laisser continuer.

Le «plein» terminé, l'acteur les remercie, leur donne chacun une pièce, monte au volant de sa voiture et démarre sans difficulté aucune sous les yeux éberlués du personnel de la station-service. Plaisir de la mystification, il avait fait monter un faux réservoir dans sa voiture !

•

Jean Gabin disait, à la fin de sa vie : «Je me suis rendu compte que j'avais pris de l'âge le jour où je me suis aperçu que je passais plus de temps à bavarder avec les pharmaciens qu'avec les garçons de café.»

•

Le comédien Jules Berry avait la passion dévorante du jeu, que ce soit aux cartes, aux courses, dans les casinos… Un de ses amis, Walter Kapps, le vit un jour arriver la mine déconfite et s'inquiéta :

– Qu'est-ce qui ne va pas ?

– Je viens de perdre un ami.

– À quel jeu ?

•

Barbey d'Aurevilly était dans un salon où se produisait une chanteuse moins avantagée en cordes vocales qu'en poitrine (au demeurant fort décolletée). Quelqu'un voulut connaître son avis :

– Comment la trouvez-vous ?

– C'est une cantatrice pour sculpteur.

•

Le prince de Conti avait une apparence physique ingrate et une femme pleine d'esprit. Au moment de partir pour quelque temps, il fit, en plaisantant, cette remarque à son épouse :

– Madame, je vous recommande surtout de ne pas me tromper pendant mon absence.

– Monsieur, vous pouvez partir tranquille, je n'ai envie de vous tromper que lorsque je vous vois.

•

L'écrivain américain Dorothy Parker occupa pendant quelques mois un tout petit bureau situé dans le Metropolitan Opera de New York. Comme personne ne venait jamais l'y voir, elle s'y ennuyait beaucoup. Mais lorsque l'employé chargé de peindre son nom sur la porte se présenta elle eut l'idée géniale d'exiger de lui qu'il inscrive : « Toilettes pour hommes ».

•

Le 26 août 1944, peu après le débarquement allié, le général Patton passait la Seine à Melun et s'approchait de Paris. Il envoya au commandant en chef Ike Eisenhower un rapport formel complété d'une note succincte qui disait : « Cher Ike, aujourd'hui j'ai pissé dans la Seine. »

•

Harold Macmillan, l'homme d'État britannique, alors qu'il discourait aux Nations unies en 1960, fut interrompu par Nikita Khrouchtchev qui, pour marquer sa désapprobation, n'hésita pas à se saisir d'une de ses chaussures et en frapper la table. Macmillan, surpris par la manière, se tut quelques instants puis se pencha vers le micro : « Serait-il possible que j'obtienne une traduction ? »

•

En 1966, le tournage du film *La Bible*, par John Huston, accumule les problèmes. On demande au réalisateur où il en est de son projet. Réponse plaintive : « Je ne sais pas comment Dieu s'en est sorti avec ce truc, mais pour moi, c'est terrible ! »

•

Le chef d'orchestre britannique Malcolm Sargent, à qui on demandait à quoi il attribuait sa longévité, trouva la réponse adéquate : « Eh bien, je suppose que je la dois au fait de ne pas encore être mort. »

•

Alphonse Allais, son frère et leur sœur, en promenade sur le port d'Honfleur, s'étaient moqués d'un vieux colonel en retraite. Mise au courant de cette impolitesse, leur mère les envoya présenter leurs excuses. Le lendemain, les trois enfants, endimanchés, sonnaient à la porte du colonel. Celui-ci s'attendrit et leur fit servir une délicieuse collation :

– Tout s'est bien passé ?

– Oui, répond le jeune Alphonse. Et la prochaine fois que nous le verrons, nous lui jetterons des pierres. Comme ça, il nous invitera à déjeuner. Et c'est bon, chez lui !

•

Raymond Devos raconte : « J'ai visité la maison natale de Rimbaud à Charleville avec un agent immobilier. J'en ai profité pour lui demander :

– Vous n'auriez pas une maison natale à vendre ?

– Pourquoi, vous n'avez pas de maison natale ?

– Si, mais je ne m'y suis jamais plu. Dès le premier jour, ça n'allait pas. »

•

Ludwig von Mises, l'économiste autrichien, alors qu'il avait quatre-vingt-huit ans et une santé précaire, recevait un matin un ami chez lui.

– Comment vous sentez-vous depuis votre réveil ?

– Très surpris !

•

La très belle danseuse Isadora Duncan, enthousiasmée par l'homme de théâtre George Bernard Shaw, lui réclama par lettre un enfant en invoquant des raisons génétiques : « Imaginez, si nous avions un enfant ensemble, et qu'il ait mon corps et votre intelligence ! » La réponse de Shaw : « Soit, mais pensez à ce que serait le contraire, madame. »

•

Raymond Devos raconte : « Les chauffeurs de taxi sont redoutables. J'en ai connu un qui, en passant devant les Invalides, s'est exclamé : "On dit que Napoléon a ruiné la France avec ses conquêtes, mais depuis qu'il est enterré ici, il rembourse, il rapporte cinquante francs par visiteur. Mettez-y un de ceux qui nous gouvernent, il ne fera pas un rond !" »

•

Une confession du chanteur et humoriste Carlos : « C'était il y a vingt ans, j'étais à New York avec un copain en vacances et on était descendus à l'hôtel Pierre. On avait nos chambres au vingt-neuvième étage. Une fois, on était rentrés à cinq heures du matin après avoir fait la java toute la nuit. J'étais tellement fatigué que je me suis écroulé à poil sur mon lit et que je me suis endormi tout de suite. Mon copain qui était dans la chambre voisine m'a entendu ronfler. Il est venu dans ma chambre et en voyant qu'il y avait des roulettes sous les pieds de mon lit, il a eu une idée. Il a poussé doucement mon lit hors de ma chambre jusqu'à l'ascenseur. Il m'y a fait entrer et cet idiot a appuyé sur le bouton. Et je suis descendu jusqu'au rez-de-chaussée, toujours endormi. Il ne s'est rien passé pendant un quart d'heure. Et puis deux vieilles Américaines qui rentraient de java aussi ont voulu prendre l'ascenseur et ont vu les portes s'ouvrir sur un lit et un jeune homme nu, même pas recouvert d'un drap ! Elles ont pénétré dans l'ascenseur et ont appuyé sur le bouton. Je me suis réveillé avec l'impression que ma chambre montait et qu'il y avait deux dames que je ne connaissais pas qui y étaient entrées. De toute ma vie, je n'ai jamais eu un réveil aussi effrayant ! Mais elles ont été sympas. Elles m'ont déposé en passant à mon étage. »

•

Jean Yanne raconte un souvenir de jeunesse : « Ça se passait au cours d'une représentation d'opérette où on voyait sur la scène une cantatrice de cent vingt kilos au bas mot. La dame était enlacée par un militaire à képi et moustache. Et il chantait : "Petit être fragile/Je te protégerai..." Alors un type dans la salle a crié : "Y faudra t'y mettre à plusieurs !" »

•

Le directeur d'un grand journal pressait Clemenceau d'accorder la Légion d'honneur à un de ses amis. Le Tigre ne répondait rien.

– Il est très malade, monsieur le président ! Ce serait sa dernière satisfaction.

– Croyez-vous ?

– Il est malade et ne sort plus de chez lui.

– Il ne sort plus ? En ce cas, c'est simple, qu'il la porte dans son appartement !

•

Philippe Meyer : « La Jane Fighting Ships a annoncé l'élévation au rang et appellation de contre-amiral d'un certain nombre d'officiers supérieurs des marines argentine, chilienne, bolivienne et péruvienne. Le problème, si vous jetez un œil à votre mappemonde, c'est que la Bolivie, qui a nommé deux contre-amiraux, est un pays totalement dépourvu d'accès à la mer. Mais l'homme politique se doit de tout prévoir. »

•

Jean Amadou : « En 1923, un certain Mathieu, élève de l'École normale supérieure, créa le Congrès ouvrier national dont le sigle attirait les regards. Ses affiches proclamaient : "Votez utile, votez pour le CON." C'est, à ma connaissance, le seul homme politique qui ait commencé sa carrière par un aveu d'une telle sincérité. »

•

Sacha Guitry était un jour accompagné d'une conquête toute récente et beaucoup plus jeune que lui. En sortant d'un restaurant, ils croisèrent un homme de l'âge de Guitry, mais beaucoup plus atteint par l'âge que lui, qui se précipita vers l'acteur et lui dit : « Sacha ! Tu ne te souviens pas de moi ? Nous étions à l'école ensemble ! »

Ne voulant pas effrayer sa conquête, Sacha attira l'homme un peu à l'écart pour avoir une discussion privée avec lui. Lorsqu'il revint vers la jeune fille, celle-ci, l'air surpris, lui demanda :

– Tu étais à l'école avec ce vieil homme ?

– Oui, lui répondit Sacha Guitry. C'était un de mes professeurs !

•

Le goût de l'effet est venu très jeune à Francis Blanche. Le jour des résultats du bac, il prévient sa belle-mère, avant d'aller chercher les résultats : « Guettez mon retour. Vous serez fixée dès que vous m'apercevrez. Reçu, je marche sur le trottoir, sinon sur la chaussée. » Il revint en clopinant, un pied sur le trottoir, l'autre dans le caniveau.

•

Voltaire, qui venait de faire jouer sa pièce *Olympie*, écrivit à son ami d'Alembert pour lui parler de sa déception devant le peu de succès qu'elle avait rencontré. Il lui confia aussi qu'il l'avait « écrite en six jours ». Plus tard, d'Alembert, qui avait lu la pièce entre-temps, lui écrivit : « Vous auriez dû vous reposer le septième. »

•

Jacques Martin : « J'étais en train d'interviewer un petit garçon pendant "L'École des fans" et, comme à chaque fois, je lui demande s'il est venu accompagné. Il me dit que oui et je lui demande avec qui. "Je suis venu avec ma maman et monsieur Jo." Alors, je lui demande qui est monsieur Jo, et il répond : "C'est le monsieur qui couche avec maman quand papa est au restaurant." La maman et ce monsieur Jo, qui étaient dans la salle, ont eu un geste invraisemblable : ils ont levé leurs bras pour cacher leur visage, ce qui les accusait encore plus. J'ai dû, pour la première fois de toute ma carrière, couper au montage. Je ne voulais pas déchaîner la colère du cocu. »

•

Une des plus célèbres paroles prononcées sur un lit de mort, par Vaugelas, qui fut grammairien jusqu'à son dernier souffle : « Je m'en vais ou je m'en vas, puisque l'un ou l'autre se dit... ou se disent. »

•

Un des plus grands danseurs du XVIIIe siècle, Vestris, avait un fils initié au même art. On lui fit un jour compliment de ce fils :

– Savez-vous que votre fils vous surpasse ?

– Je le crois bien, je n'ai pas eu un aussi bon maître que lui.

•

Jean Rochefort : « Sur *Du grabuge chez les veuves,* j'ai le souvenir assez précis d'un petit déjeuner avec l'une des actrices principales. Elle me demande ce que je pense du film. Je lui réponds à peu près ceci : "Le metteur en scène est un con ; le scénario, nul ; on est en train de faire une connerie." Arrive ledit metteur en scène qui l'embrasse sur la bouche : "Tu as passé une bonne nuit, mon amour ?" Il restait huit semaines de tournage. »

•

André Tardieu, qui avait été convié à une chasse présidentielle à Rambouillet, se voit interrogé par le président du Conseil, Georges Clemenceau :

– Alors, jeune homme, êtes-vous bon fusil ?

– Franchement non, répond Tardieu. Je tire affreusement mal et j'ai toujours peur de blesser quelqu'un.

Alors, lui montrant les fourrés où se trouvent plusieurs ministres, le Tigre lui glisse à l'oreille : « Ne vous gênez surtout pas, mon cher. Justement, je songe à un important remaniement ministériel. »

•

L'un des derniers mots attribués à Jean Cocteau : « Je ne crains pas l'enfer. La seule chose qui m'ennuie, c'est d'y rencontrer Mauriac. »

•

Le président Coolidge passe pour avoir été le plus silencieux de tous les hôtes de la Maison-Blanche. Un jour qu'il était abordé par une femme au cours d'une soirée officielle, celle-ci lui déclara en riant : « Monsieur le président, je viens juste de parier avec un ami que j'arriverais à vous faire dire au moins trois mots. » Coolidge la regarda de haut en bas et répondit simplement : « Vous perdez. »

•

Antoine Blondin avait ses habitudes au CHU de Limoges, où ses nombreuses péripéties l'avaient maintes fois mené lorsqu'il habitait la région. Il y possédait d'ailleurs en permanence un rond de serviette, signe ultime pour lui de son attachement à la place. On trouvait même dans cet établissement à une époque, dans la chambre froide réservée aux prélèvements, une énorme boîte de métal sur laquelle était marquée « Foie d'Antoine Blondin ». Les médecins trop curieux avaient la surprise, lorsqu'ils s'aventuraient à ouvrir cette boîte, d'y découvrir un énorme bloc de très bon foie gras. C'est son ami Maurice Ronet, qui un jour en visite à l'hôpital l'avait apporté à notre patient avec un magnum de château-lafite. Étant davantage porté sur le liquide que sur le solide, Blondin fit vite un sort au bordeaux et confia le foie gras à une infirmière, afin qu'elle le mette à conserver au frais. C'est elle, qui, craignant un larcin, identifia la boîte de cette fameuse étiquette et la déposa dans cet endroit bien incongru. L'histoire ne dit pas si des prélèvements du foie d'Antoine Blondin furent faits, ni quels en ont été les résultats.

•

Bismarck remettait un jour une décoration à un soldat méritant, en tentant toutefois une petite mystification : « Mon ami, au cas où tu serais pauvre, je puis t'offrir cent thalers en échange de la décoration. »

Regardant avec hésitation la croix dans la main de Bismarck, le soldat lui en demanda avec respect la valeur.

– Trois thalers environ.

– Eh bien, que Votre Excellence veuille bien me faire la grâce de me donner la croix avec quatre-vingt-dix-sept thalers.

•

En tournée aux États-Unis, Sarah Bernhardt reçut un jour la visite d'un certain Sam Davis, un jeune journaliste qui venait l'interviewer à la fois pour deux journaux, *The Examiner* de San Francisco, *The Appeal* de Carson, ainsi que pour l'agence Associated Press.

Charmée, Sarah Bernhardt, à la toute fin de l'interview, donna un baiser sur chacune des joues du jeune homme, puis enfin un troisième sur ses lèvres.

– La joue droite est pour *The Examiner*, la gauche pour *The Appeal*. Et les lèvres pour vous-même.

– Mais, madame, vous oubliez que je représente aussi l'Associated Press qui alimente plus de trois cent quatre-vingts journaux…

•

Chopin ne put échapper, après un dîner, à l'invitation de jouer une de ses œuvres. Il choisit son plus court prélude qui ne comportait que seize mesures, la maîtresse de maison s'étonna de la brièveté du morceau. Chopin dit en s'excusant : « Je vous ferai remarquer que j'ai très peu mangé ! »

•

« Quand mes filles ont commencé à aller à l'école, racontait le cinéaste François Truffaut, j'ai voulu dépassionner les histoires de classe. Je leur ai dit : "La bonne place, c'est avant-dernier. Le dernier, lui, est un snob." »

•

Sim : « Un des canulars les plus cruels de Francis Blanche : jeune acteur débutant, il habitait une chambre meublée dont la propriétaire résidait juste à l'étage au-dessous. Il n'entretenait pas de bons rapports avec la vieille dame acariâtre. En payant son loyer, Francis se faisait constamment griffer par le matou imbécile qui dormait sur la table. Je pense que, vu la fréquence de ses paiements, il n'a pas dû se faire griffer souvent. N'empêche qu'il ne tarda pas à éprouver de la haine pour l'animal. L'occasion d'une vengeance se présenta, un jour d'été, sous la forme du bocal à poisson que la vieille dame avait installé sur un guéridon de son balcon. De sa fenêtre, qui surplombait celui-ci, Francis fit une pêche miraculeuse pendant l'absence de la propriétaire et passa le poisson à la poêle à frire. Après l'avoir délicatement dépecé, il redescendit les arêtes au bout du fil avec un bricolage qui le bascula dans le bocal. Tête de la vieille découvrant avec surprise le squelette de son poisson rouge ! Satisfaction de Francis écoutant le bruyant réquisitoire prononcé contre le chat qui avait poussé l'inconscience jusqu'à venir faire la sieste près du bocal… »

•

L'un des Marx Brothers, Harpo, qui jouait son personnage sans jamais prononcer un mot, se trouvait un jour dans le hall d'un hôtel, lisant le journal. Derrière lui, deux dames qui l'avaient reconnu chuchotaient : « Il paraît qu'il est vraiment muet. » Se retournant aussitôt, l'acteur leur lança : « C'est absolument faux, mesdames. En revanche, je suis totalement sourd. »

•

L'écrivain Pomairols souhaitait ardemment entrer à l'Académie française. Son épouse s'était chargée de sa campagne et vint trouver François Coppée : « Maître, lui dit-elle, je vous en supplie, votez pour mon mari, s'il n'est pas élu, il se tuera. » Coppée donna sa voix à Pomairols qui ne fut pas élu pour autant. Et qui n'en mourut point. Un nouveau siège se trouva vacant quelques mois plus tard sous la Coupole et madame Pomairols vint à nouveau solliciter la voix de Coppée. « Ah, non, madame ! Moi j'ai tenu ma promesse, il n'a pas tenu la sienne, je me considère délié de tout engagement ! »

•

Pierre Richard se souvient: «Sur le tournage de *Je ne sais rien mais je dirai tout*, nous avions recruté sur place une bonne centaine de figurants. Tous étaient chômeurs, se connaissaient, se ressemblaient, et s'entendaient bien... Nous devions tourner une sortie d'usine un peu houleuse, avec d'un côté, les forces de l'ordre, et de l'autre, les ouvriers... On distribue alors un peu au hasard les costumes de flics et d'ouvriers... Le jour même, à la cantine, les flics mangeaient d'un côté, et les ouvriers de l'autre! Voilà que ces types, qui jusqu'ici, tous les soirs, tapaient gaiement ensemble le carton et leur femme, voilà que ces types qui évoluaient dans la plus franche camaraderie, se dévisageaient maintenant d'un œil carrément suspicieux... À la fin du repas, on est venu les chercher... eh bien, croyez-moi si vous voulez, mais les flics ont accompagné à coups de sifflets la sortie des ouvriers qui traînaient des pieds. Le costume avait gagné.»

•

On raconte que le compositeur Gabriel Fauré fut, un soir, invité à dîner, afin d'être présenté au mondain public de la soirée. Après le repas, on le sollicite pour qu'il se mette au piano. Premier, deuxième, troisième morceau. Il s'arrête, persuadé d'avoir réglé l'addition... de ce repas gratuit. À minuit, on le prie de se remettre au piano.

– Mais il est tard, je vais déranger les voisins?

– Oh! par exemple, s'écria la dame, chacun son tour. Ils ont un chien qui nous embête assez souvent...

•

Lord Frederick North, l'homme d'État britannique, visita Alger à la fin du XVIIIe siècle et demanda au dey, le régent de l'Empire ottoman, une faveur inhabituelle : celle de pouvoir rencontrer les femmes de son harem. Le dey fut d'abord outré de la demande puis, se révisant, il déclara à son capitaine de la garde : « Après tout, vous pouvez l'y emmener, il est tellement laid. »

•

Au cours d'un banquet, on demanda à Henry Kissinger de bien vouloir prendre la parole. Le petit discours commença par ces mots : « Jamais je n'ai vu rayonner autant d'intelligence autour de moi, sauf, peut-être, le jour où je me suis trouvé, seul, dans la grande galerie des Glaces à Versailles. »

•

Henri IV, séduit par Mlle d'Entraygues, une jeune femme de la cour, se permit de lui faire une avance sous forme de question : « Par où pourrait-on gagner votre chambre ? » Réponse de l'intéressée : « Par l'église, sire ! »

•

Réponse de Mark Twain à une jeune journaliste qui lui demandait quelles étaient ses habitudes : « Eh bien, je ne fume jamais le cigare en buvant et il est rare que j'écrive un sonnet en faisant de la natation. »

•

Alors qu'Hitler occupait l'Europe, le ministre plénipotentiaire du Reich, Renthe-Fink, vint demander audience à Christian X, roi du Danemark, pour lui poser un ultimatum: «Le Führer suggère que l'Allemagne et le Danemark, ces deux pays frères, soient séparés par une frontière mais unis sous l'autorité d'un seul homme.» Le roi alors: «Le Führer est trop bon, mais je suis trop vieux pour régner sur tant de monde…»

•

Milord Marlborough étant à la tranchée avec un de ses amis et un de ses neveux, un coup de canon fit sauter la cervelle à cet ami et en recouvrit le visage du jeune homme, qui recula avec effroi. Marlborough lui dit intrépidement:

– Eh! quoi, monsieur, vous paraissez étonné?

– Oui, dit le jeune homme en s'essuyant la figure, je le suis qu'un homme qui a autant de cervelle restât exposé gratuitement à un danger inutile.

•

Jean Yanne: «Au moment où je vous parle, je l'ai lu la semaine dernière dans le journal, dans l'État de Washington, qu'un type est condamné à mort. Comme disait Audiard, il a probablement un petit peu assassiné. Conformément aux lois de l'État de Washington, l'homme doit être pendu. Alors, évidemment, les avocats cherchent à gagner du temps, l'exécution est retardée, une fois, deux fois. Et pendant ce temps-là, que fait le type ? Rien. Pas de promenade, pas de sport. Il passe son temps à une seule chose, à bouffer. Il se fait livrer des repas, comme le règlement de la prison l'y autorise. Il bouffe, il bâfre, il s'empiffre, tant et si bien qu'il atteint les cent quatre-vingt-dix-huit kilos. Et la date de l'exécution arrive. Là, les autorités sont formelles : on ne peut pas pendre par le cou un type de cent quatre-vingt-dix-huit kilos. La tête va se détacher du corps. Et quand la tête se détache du corps, on appelle ça une mort par décapitation. Oui, mais la loi de l'État de Washington est formelle, la mort doit être provoquée par pendaison et non par décapitation. Pour la justice, c'est un casse-tête, si j'ose dire. En attendant, le type continue à bouffer, les avocats sont prêts à attaquer l'État si le type est décapité. Alors hein, les régimes, demandez-lui donc son avis au gars ! »

•

Napoléon avait peu de goût pour les arts et, en particulier pour la musique. Plus habitué aux soldats qu'aux gens du monde il lui arrivait d'énoncer cette opinion sans trop d'égards pour son interlocuteur.

– La musique, disait-il un jour à Étienne Méhul, est le plus coûteux des bruits.

– Oh ! sire, répartit le compositeur, Votre Majesté oublie le bruit des canons.

•

Un soir, tard dans un bar, alors qu'on demandait au chanteur et acteur Dean Martin comment il se sentait et s'il ne valait pas mieux qu'il rentre chez lui : « Pourquoi ? On n'est pas vraiment saoul quand on peut encore être allongé sur le sol sans chercher à s'y accrocher. »

•

François Périer était alors un tout jeune acteur qui suivait les cours de Louis Jouvet. Jouvet, qui pouvait se montrer dur, déversait ses reproches sur l'élève : « Si Molière vous voyait jouer, mon pauvre, il se retournerait dans sa tombe ! » Réplique immédiate du jeune premier : « Ah bon ? Eh bien, ça le remettra à l'endroit parce qu'il vous a vu la semaine dernière dans *L'Avare* ! »

•

Une vieille demoiselle félicitait un jour le grammairien Boiste d'avoir éliminé de son dictionnaire les mots obscènes. Il parut surpris : « Mais alors, mademoiselle, vous les avez donc cherchés ? »

•

On avait conseillé à Schubert de se reposer quelque temps et on lui avait recommandé une paisible auberge de campagne. Après un excellent dîner, l'aubergiste présenta au compositeur une énorme grappe de raisins. Mais le musicien secoua la tête d'un air désapprobateur : « J'ai un faible pour le bon vin, mais je ne voudrais pas le prendre en pilules. »

•

Sacha Guitry raconte : « Notre oncle Edmond était un être exquis, d'une infinie bonté et d'un esprit semblable à celui de son père. C'était la droiture même et la logique en personne. Succédant à son père, il vendait des rasoirs et du savon à barbe. Quand un client lui demandait si ce "fameux savon" était vraiment meilleur que les autres, il répondait : "Depuis trente ans, je ne me sers que de celui-là." Or, il portait toute la barbe – mais aucun client jamais ne songea à lui en faire la remarque. »

•

Tristan Bernard se promène dans la campagne avec son petit-fils âgé de cinq ans. Ils arrivent près d'un troupeau de moutons. Le petit garçon s'approche d'un des animaux qui se met à bêler. « Ce n'est pas comme ça qu'on fait bêê », dit alors l'enfant au mouton. Et Tristan Bernard à l'enfant : « Toi, mon garçon, tu seras critique dramatique ! »

•

Le célèbre gastronome Curnonsky avait été un jour invité à déjeuner par un des propriétaires du clos-vougeot, qui avait bien sûr sorti une bouteille de la meilleure année de ce fameux vin. À la fin du repas, Curnonsky hume une dernière fois son verre et le vide lentement. Puis ajoute : « Je trouve cette bouteille bien petite… Surtout pour son âge. »

•

Curnonsky ayant félicité une maîtresse de maison pour le homard à l'armoricaine qu'on avait servi, celle-ci, n'osant croire avoir mérité tant de louanges de la part d'un si fin connaisseur, répondit : « Vous dites cela pour me faire plaisir ! » Le roi des gastronomes protesta aussitôt de sa sincérité : « Mais pas du tout… Vous ai-je félicité pour le consommé ? »

•

La reine Élisabeth et le duc d'Édimbourg se rendirent un soir au théâtre pour voir jouer Laurence Olivier et Vivien Leigh. Lorsqu'ils pénétrèrent dans la loge royale, la foule des spectateurs, debout, applaudit à tout rompre. Dans les coulisses, Vivien Leigh soupira : « Quelle entrée ! » Laurence Olivier, près d'elle, répliqua : « Oui ! Mais aussi, quel rôle ! »

•

Rossini apprit un jour qu'en France quelques-uns de ses riches admirateurs avaient formé le projet de lui ériger une statue.

– Combien coûtera-t-elle ? demande le musicien.

– Environ dix millions, lui répondit-on.

– Dix millions ! s'exclama Rossini. Mais, pour la moitié de cette somme, je serais prêt à monter moi-même sur le piédestal.

•

Le président Kennedy recevait à la Maison-Blanche un important homme d'affaires :

– Vous savez, lui dit-il, si je n'étais pas président, j'achèterais à la Bourse en ce moment.

– Je sais, répondit le financier, si vous n'étiez pas président, j'en ferais autant.

•

Le général Chenu avait, durant toute la guerre de 1914, tenu une chronique militaire dans un grand quotidien. La paix revenue, il envisagea de se reconvertir et en informa le directeur.

– J'aimerais bien tenir une autre chronique à présent.

– Mais certainement, cher ami.

– Par exemple, les courses de chevaux.

– Ah non, sûrement pas, explosa le directeur. Les courses, ça, c'est sérieux !

•

Vers la fin du XIXe siècle, la comédienne Suzanne Brohan, déjà très âgée, avait un ami presque centenaire : le physicien Chevreul. Un journaliste facétieux s'était amusé à faire courir le bruit que les deux amis avaient convolé en justes noces. On pressa la comédienne pour savoir si elle pouvait confirmer l'incroyable nouvelle mais elle fit une réponse plus drôle encore : « Il a bien été question en effet d'un mariage entre M. Chevreul et moi, seulement, au dernier moment, ses parents ont refusé leur consentement. »

•

Picasso, en pleine gloire, mangeait dans les plus grands restaurants et traçait souvent, à même la nappe, des croquis et dessins divers. Un jour que le restaurateur du lieu où il terminait son repas, loin de s'offusquer, lui proposa d'oublier la note si l'artiste consentait à lui abandonner son œuvre, Picasso accepta de bonne grâce. Quelques minutes plus tard, l'hôte revint voir son célébrissime client pour une requête: «Maître, pourriez-vous signer votre dessin?» Alors, Picasso, secouant la tête: «Non. Je paye la note mais je n'achète pas le restaurant.»

•

S'apercevant, dans une soirée, que Talleyrand semblait particulièrement occupé de Mme Récamier, Mme de Staël pose au prince cette question embarrassante pour sa galanterie, mais bien féminine:

– Si nous tombions à l'eau toutes deux, laquelle vous paraîtrait digne d'être secourue la première?

– Je parie, baronne, que vous nagez comme un ange.

•

Bassompierre, bien qu'avancé en âge, faisait une cour assidue aux femmes. Un jour, il entreprit une jeunesse qui s'étonna:

– À votre âge!

– Madame, ne vous y trompez pas. Je suis comme les poireaux, ils ont la tête blanche mais la queue verte!

•

Une nuit alors qu'il déambule seul dans Paris, Antoine Blondin passe, rue Saint-Dominique, devant le porche d'un ministère, étrangement ouvert et sans surveillance. Il ne peut résister à la tentation, entre dans la cour, continue son périple jusqu'à trouver une porte ouverte. Il se retrouve ainsi dans les couloirs de marbre du ministère désert, allume les lumières les unes après les autres, et se dirige vers le bureau du ministre, où il s'installe. Mettant la main sur l'agenda du maître des lieux, il tombe sur la liste des téléphones préfectoraux. Continuant sur sa lancée, il compose le premier numéro, demande à parler au préfet de la part du ministre de l'Intérieur. Étant donné l'heure extrêmement tardive de l'appel, il insiste pour qu'on réveille celui-ci d'urgence. Quelques minutes plus tard, le préfet est en ligne. Blondin l'admoneste : « Comment cela, le pays traverse des heures tragiques et vous vous dormez ! » Affolé, le préfet rétorque qu'on ne lui a rien signalé dans son département. Blondin reprend de plus belle, l'accusant d'être sourd et aveugle, et donc indigne d'exercer les « hautes responsabilités que la République vous a imprudemment confiées ». Il l'autorise à aller se recoucher, après l'avoir révoqué, sans pension, naturellement. Il s'apprête à réveiller le deuxième haut fonctionnaire de la liste pour lui faire subir le même sort au moment où deux représentants des forces de l'ordre font irruption dans le bureau, arme au poing. L'intrus est maîtrisé et conduit au commissariat le plus proche avant d'avoir terminé sa tâche de restructuration du corps préfectoral.

•

Une comédienne vint voir Feydeau, rouge de colère et brandissant un papier à la main : « C'est vous qui m'avez envoyé cette carte ? » Feydeau regarda l'objet du délit et y lut : « Vous n'êtes qu'une grue. » « Non, ce n'est pas moi, pourquoi serait-ce moi ? Il y a tant de personnes qui vous connaissent mieux que moi ! »

•

Jean Yanne : « Pour arrêter de boire, il faut un déclencheur psychologique. Moi, je l'ai eu une nuit. Je rentrais en voiture avec un ami et soudain je lui ai dit : "Attention à la voiture d'en face !" Il m'a répondu : "Mais c'est toi qui conduit, Jean !" Ça m'a donné à réfléchir… »

MIXTE
Papier issu de
sources responsables
FSC® C003309

Les papiers utilisés dans cet ouvrage
sont issus de forêts responsablement gérées.

Imprimé en Italie par clZanardi
Dépôt légal : octobre 2016
N° d'édition : 5235 – N° d'impression : 16-0879
ISBN 978-2-7491-5235-6